Vivian Russell

Literarische Reise durch die Gärten Italiens

Auf den Spuren Edith Whartons

Knesebeck

Für Molly und Rupert
und ihren unerschütterlichen Humor und ihre Ermutigung. Ich hoffe, die Geschichte von Edith Whartons Gärten inspiriert euch zu Abenteuern aller Art.
Und für den Dirigenten William Christie, der so vorzüglich den numinosen Geist Monteverdis heraufbeschwor, dessen Kompositionen entstanden als diese Gärten geschaffen wurden, und heute immer noch darin erklingen.

SEITE 1 *Eine der Steinfiguren, die die Brüstung der Villa Cetinale schmücken. Im Hintergrund Dattelpflaumen.*

VORIGE SEITEN *Das Parterre in Valsanzibio.*

LINKS *Äste des Schneeglöckchenbaumes,* Halesia diptera, *auf der Isola Madre.*

RECHTS *Der Orgelbrunnen in der Villa d'Este, Tivoli.*

Inhalt

Auf den Spuren Edith Whartons

In meiner Jugend wurde der kultivierte Amateur dazu ermutigt, Reiseimpressionen niederzuschreiben, und einige dieser Werke öffneten zahllosen intelligenten Reisenden die Augen und regten ihre Phantasie an, schrieb Edith Wharton in ihrem späten, unveröffentlichten Essay ITALY AGAIN. Nachdem sie *eines oder zwei* dieser *bezaubernden, amateurhaften Bücher selbst verfaßt hatte*, meinte sie, diese hätten einen Platz an der Sonne verdient, weil sie den *arglosen Leser* in verborgene Winkel führten, wo er unbekannte Landschaften genießen und *die geheimen Schwingungen ihrer Schönheit* spüren könne.

Tausende von Reisenden suchten nach diesen verborgenen Schätzen Italiens und hielten dabei solche literarischen Perlen wie Edith Whartons ITALIAN VILLAS AND THEIR GARDENS in der Hand. So geben die Memoiren der Marchesa Iris Origo wertvolle Eindrücke einer Italienreise wieder, die sie 1911 mit ihrer Mutter unternahm. *Dem Anblick einer Zypressenallee, die zu einer schönen Villa führte, ja schon der bloßen Erwähnung in einem Reiseführer konnte meine Mutter nicht widerstehen.* Ein kurzes Wort an den Chauffeur, und einen Augenblick später sahen die überraschten Eigentümer, die gemütlich in ihrer Loggia saßen, eine nach der neusten Mode gekleidete, jedoch staubbedeckte englische Lady aus einem Lancia steigen, gefolgt von einem aufgeweckten Schulmädchen, das einen BAEDEKER, den GUIDE BLEU oder Edith Whartons ITALIAN VILLAS AND THEIR GARDENS trug. *›Sie haben doch gewiß nichts dagegen, wenn wir uns ein wenig umsehen‹, pflegte meine Mutter zu sagen. Mitunter war diese Methode überaus erfolgreich, bisweilen aber begegneten wir nur verblüfften Blicken …*

Ein so unbekümmertes Verhalten wäre heute ebenso undenkbar wie die herrische Art eines anderen Gartenbesuchers. Der Butler von George Sitwell erinnerte sich beispielsweise daran, daß Sir George 1909 vor der Villa d'Este zwischen riesigen Zypressen saß und meditierte, als vier alte *custodi* sich näherten. *Im Glauben, es handle sich um Banditen (er lebte nämlich hundert Jahre vor seiner Zeit), traktierte er sie mit seinem Schirm. Man hörte sie eine halbe Meile weit kreischen!*

Es war eine aufregende Idee, mit Edith Wharton als *cicerone* noch einmal die Gärten zu besuchen, die sie vor fast einem Jahrhundert beschrieben hatte. Ich versicherte mich der Hilfe meiner Freundin Elena Pizzi, die sich mit den Eigentümern der Gärten in Verbindung setzte. Verzichten mußten wir auf jene Gärten, die es nicht mehr gibt oder in denen wir nicht fotografieren durften, wie die der Villa Pliniana und des Vatikans. Ich beschloß, mich auf jene zu beschränken, deren Geschichte sich visuell wachrufen ließ; die schönsten und bemerkenswertesten Gärten habe ich in den Einleitungen zu den Regionen erwähnt.

Auf meinen Reisen steckte ich wie Henry James *bis zum Hals in den Reichtümern und Merkwürdigkeiten, derentwegen man Italien immer wieder besucht.* Im Garten des Admirals Andrea Doria, früher der Stolz Genuas, hausen heute Dutzende von streunenden Katzen auf der Terrasse unter dem Palazzo und putzen sich auf den Sitzen eines verlassenen Freilichtkinos geduldig das Fell. Die untere Terrasse wird jetzt von einer Autobahn überquert. Dazwischen liegt der einst kunstvolle Brunnen. Admiral Andrea Doria, ungeschickt als Neptun verkleidet, hebt seinen Dreizack, als wolle er das trockene, mit Unkraut bewachsene Becken mit Wasser füllen. In Rom sind die weißen Marmorfiguren berühmter Persönlichkeiten auf dem Monte Pincio, zwischen denen Edith Wharton als Kind spielte, durch Schmierereien verunstaltet. An den Figuren, die in den Nischen der Gartenmauer vor der Villa Doria-Pamphili stehen, hängen Schilder mit der Aufschrift »Made in Cement«.

So sieht Italiens Patina heute aus. In diesem Buch blicken wir mit Edith Whartons Augen durch ein langes Teleskop viele Jahrhunderte zurück und sehen die Gärten so, wie man sie einst angelegt hat. Der alte italienische Garten, vom magischen Licht des Landes erleuchtet, ist ein »Garten der Ideen«, dessen Wege weit über seine Mauern hinaus ins Reich der Philosophie, der Mythen und der Poesie führen.

Zwei stattliche Zypressen flankieren den alten Eingang der Villa Cuzzano.

Edith Wharton und Italien

Edith Wharton, die zeit ihres Lebens zwischen Europa und Amerika pendelte, wurde wie alle entwurzelten Amerikaner auf keinem Kontinent richtig heimisch. Das Land, das sie als Heimat wählte, lag irgendwo dazwischen, im weiten, amorphen Ozean, den sie so oft überquerte. Es war ein Königreich, das vom Kult der Ästhetik regiert wurde und in dem es *geheime Träume, innere Stimmen* und *Impressionen* gab. *Stets warfen mich die Wogen eines leidenschaftlichen Innenlebens hin und her. Nie habe ich Ruhe empfunden.* Das Meer beflügelte nicht nur ihre Phantasie, sondern wurde auch zur Metapher für ihre wichtigsten Erfahrungen. Als kleines Kind brauchte sie sich nur Geschichten auszudenken, und schon *segelte ich auf dem Meer der Träume*. Im Alter von achtzehn Jahren betrachtete sie die Meisterwerke der italienischen Kunst im Louvre, und ihr war, *als schlügen alle Wellen des großen Meeres der Schönheit gleichzeitig über mir zusammen.* Wissen war für sie eine Chance, *in die See der Wunder einzutauchen.* Und noch kurz vor ihrem Lebensende klagte sie: *Wie langweilig es ist, die Segel einzuholen, wenn man so viele Jahre die Freiheit der hohen See genossen hat.*

Die *grande dame* der amerikanischen Literatur und Trägerin des Pulitzerpreises wurde 1862 als drittes Kind von George Jones und seiner Ehefrau Lucretia Rhinelander Jones in New York City geboren. Die bürgerliche Familie stammte von französischen, holländischen und englischen Siedlern ab, die im Laufe von 250 Jahren zur gesellschaftlichen Aristokratie New Yorks aufgestiegen waren. Sie lebten in geordneten Verhältnissen, waren wohlhabend, legten großen Wert auf gute Manieren und waren redliche Geschäftsleute. In ihrer Jugend mißbilligte Edith diese selbstgefällige Konformität und verglich sie mit *leeren Gefäßen, in die niemals neuer Wein gegossen wird*. Erst als sie älter wurde und eine Welt erlebte, die sich unwiderruflich veränderte, lernte sie die Wertvorstellungen der Familie schätzen.

Meine Mutter hielt uns zur Höflichkeit an, mein Vater zur Güte, schrieb sie in ihrer unveröffentlichten Kurzbiographie LIFE AND I. Ihr Vater, ein stattlicher Mann, den sie innig liebte, beschäftigte sich vornehmlich mit Reisen und Sport sowie, vielleicht um seine Gattin zu beeindrucken, mit Büchern über die Erforschung der Arktis. Edith achtete ihre *schön gekleidete, träge, nüchterne* Mutter offenbar weniger, *ihre Lebensauffassung war unglaublich banal*«. Vor allem mieden die Eltern extrovertierte Charaktere. In dieses Milieu wurde ein Kind hineingeboren, das *Feuer im Gehirn* und eine edle, unerschöpfliche Neugier besaß. Von frühester Jugend an hegte Edith eine aufrichtige Bewunderung für das Schöne; daß sie sich zu einer der kultiviertesten Frauen Amerikas entwickelte, verdankte sie ihrer eigenen Zielstrebigkeit.

Ediths Weg zur Erleuchtung begann im Alter von vier Jahren, als sie mit den Eltern samt Kindermädchen den Ozean überquerte und zunächst Italien besuchte. Sechs Jahre lang kehrte sie nicht nach New York zurück. Sie sollte die sonnigen, nach Veilchen duftenden Tage in Rom nie vergessen.

Edith Wharton im zarten Alter von fünf Jahren, gemalt von Edward May.
Trotz der »vorbeiziehenden Wolken der Kindheit« erinnerte sie sich lebhaft an das Jahr in Rom und an die »Spaziergänge auf dem federnden Boden der großartigen römischen Villen im hellen Tageslicht«.
Unbewußt nahm sie die Schönheit der Gärten in sich auf.

Die Gärten auf dem Monte Pincio und die Piazza del Popolo zu der Zeit, als die junge Edith dort mit ihren Freunden Daisy und Arthur Terry spielte.

Sie schlenderte *auf dem mit Veilchen übersäten Rasen der Villa Doria-Pamphili und zwischen den Statuen und Pinien der Villa Borghese. Ich jagte auf den Hängen des Palatins nach mysteriösen blauen, grünen und rosa Steinchen*, und ihre Sinnenfreude erwachte.

Das römische Spektakel – prächtige Kardinäle in Scharlach und Gold, die strahlende Aura des über ihnen thronenden Papstes, die prunkvollen Pferdekutschen, in denen die Schönheiten Roms wie Pfauen zur Schau gestellt wurden – gab ihrer *üppigen Traumwelt* Nahrung, die sie bereits als Gegensatz zu ihrem *äußeren Leben* empfand. Jeden Nachmittag trafen sich Edith, Daisy und Arthur Terry – Kinder des amerikanischen Malers Luther Terry, den die Familie dort kennengelernt hatte – mit ihren Freunden und Kindermädchen zwischen den Statuen und Steinbänken auf dem Monte Pincio, den man in der Antike wegen seiner herrlichen Parkanlagen den »Berg der Gärten« genannt hatte. Als Edith Jahre später wieder nach Rom reiste, suchte sie in den *boschi des Pincio die Geister der herumtollenden Kinder*.

Die Eindrücke des sehr jungen Mädchens bildeten die Grundlage der tiefen und dauerhaften Zuneigung zu Italien. Sie wußte sie von Anfang an zu nutzen, zum Beispiel in ihrer ersten Novelle Fast and Loose, die sie im Alter von vierzehn Jahren schrieb und in der sie die Szene des Heiratsantrags im duftenden Garten der Villa Doria-Pamphili spielen läßt. Ihr erster Roman, The Valley of Decision, der mehr als zwanzig Jahre später entstand, war ein buntes Mosaik, so glänzend wie die Steine, die sie auf dem Palatin sammelte. Jede einzelne Facette im Tableau der Kunst und der Religion, der Sitten und der Politik Italiens im 18. Jahrhundert, das der Roman schildert, beschwört die Vergangenheit gleichermaßen herauf wie die kostbaren Stücke aus Porphyr, Lapislazuli und verde antico im Palast der Cäsaren.

Unter primitiven Bedingungen, aber vom Eifer beflügelt, unternahm die Familie eine anstrengende Reise nach Spanien, die in der sechsjährigen Edith eine *unstillbare Leidenschaft für die Straße* weckte. Als sie sieben war, zog die Familie nach Paris um, wo Edith lesen lernte. Dort entwickelte sich auch ihre Vorliebe für die Literatur. Ihr Vater hatte ihr seit ihrer frühen Jugend aus seinen Lieblingspredigten und aus Rose Macaulays Lays of Ancient Rome vorgelesen. Wenn sie Worte sah oder hörte, geriet sie in eine *sinnliche Verzückung*, die *sichtbar und fast greifbar* war. Während die Familie in Paris lebte, nahm Henry Bledlow, ein amerikanischer Freund, regelmäßig an den Mahlzeiten teil, und Edith durfte sich auf seine Knie setzen. *Erzähle mir etwas über Mythologie*, bat sie ihn dann. *Oh, wie oft habe ich seitdem den Erzähler gepriesen!* Sie verabscheute Kindergeschichten, weil diese mit *undefinierbarer Herablassung von großen Leuten für kleine* geschrieben wurden. Aber *die Familiendramen der Olympier weckten all meine schöpferische Energie ... Die normalen Vergnügungen meines Alters erschienen mir so fade, wie Persephone die Früchte der Erde fand, nachdem sie einen Granatapfel gegessen hatte ... Niemand von den Kindern, die ich kannte, besaß den Schlüssel zu meinem Labyrinth.*

Die Familie verließ Paris 1870, als der Deutsch-Französische Krieg ausbrach, und reiste nach Deutschland, wo Edith an Typhus erkrankte und beinahe starb. Während ihrer Genesung begann sie, Deutsch zu lernen, und tauchte *hingerissen in Goethes Ozean*. Am Ende ihrer Wanderjahre fuhr die Familie nach Florenz, wo sie den Winter in einem geräumigen Appartement mit Blick auf den Arno verbrachte.

Als die Whartons nach New York zurückkehrten, war Edith zehn Jahre alt. Sie beherrschte Englisch und drei weitere Sprachen fließend, und allmählich wurde sie anspruchsvoller. *Ich wurde mit einer Kritikerbrille auf der Nase geboren*, sagte sie einmal; doch ihre Urteilsfähigkeit wurzelte in dem, was sie während dieser frühen, ereignisreichen Reisen erlebt hatte. Es war kein Wunder, daß sie begann, Vergleiche zu ziehen. Wie konnte New York, das aus *dem scheußlichsten jemals gehauenen Stein* gebaut war, *diese Stadt, die einem überfüllten, waagrechten Bratrost gleicht und keine Türme, Säulenhallen, Brunnen und Perspektiven hat*, einem Kind mit *jungen, vom Anblick Roms und Paris' geformten Augen* anders als *unerträglich häßlich* erscheinen? Sie wandte ihre Augen ab und vertiefte sich wie ein wahrer Bücherwurm in *ein Königreich: die Bibliothek meines Vaters*. Dort fing sie an, in den wirren Eindrücken, die sie aufgenommen hatte, nach Zusammenhängen und Sinn zu suchen. Da sie nichts lesen durfte, was sentimental, outré oder modern war, landete Edith in den ungefährlichen und reinen Armen der klassischen Dichtung. Außerdem las sie die alten Schulbücher ihres Bruders über Philosophie und Logik sowie planlos erworbene Bücher über Religion, Reisen, Geschichte und Kunstkritik. Obwohl ihre Eltern die Literatur *sehr schätzten, hatten sie eine nervöse Angst vor denen, die sie schufen*. Malen und Schreiben galten immer noch als *beunruhigend*, als eine Mischung aus *schwarzer Kunst und manueller Arbeit*. Begreiflicherweise behielt Edith ihre literarischen Neigungen für sich, schrieb aber heimlich weiter.

Als Heranwachsende lebte Edith teils in der Welt, die sie in den Büchern ihres Vaters fand, teils draußen zwischen der *Wildnis und den Wellen* von Pencraig, ihrem Heim in Newport. Zum erstenmal wurde ein Garten Teil ihrer Autobiographie. *Blumenbeete, gewürzt mit lila- und rosafarbenen Nelken, und ein Kräutergarten mit purpurroten Erdbeeren und honigsüßen Birnen und Quitten*: Das ist ihre sinnliche Erinnerung an den Garten in Pencraig.

Gouvernanten verbesserten ihre Sprache, verhalfen ihr aber weder zu tieferen Einblicken noch zu Inspiration. Die Musen, die aus den kalbsledernen Folianten zu ihr sprachen, boten ihr zwar brillante Rhetorik, jedoch keinen Dialog. Und vom Himmel erscholl die Stimme John Ruskins, des Hohepriesters der Ästhetik, *dessen wundervolle, düstere Seiten mir das Bild des schönen Europa zurückgaben, das ich verloren hatte, und mich mit Visionen von Italien erfüllten, nach dem ich mich immer noch verzehrte.*

Da sich die Gesundheit des Vaters verschlechterte, erwog die Familie, in einem milderen Klima zu überwintern. Nach achtjähriger Abwesenheit kehrten sie 1881 nach Europa zurück und ließen sich in Cannes nieder, das damals ein Zufluchtsort für die Tuberkulösen und Modebewußten gleichermaßen war. Ihr Vater kaufte Ruskins Reiseführer Steine von Venedig (The Stones of Venice) sowie Mornings in Florence, und Edith unternahm mit ihrem Vater Besichtigungstouren. Ruskins *zufällig ausgewählte Routen* brachten sie von den Pfaden des Baedekers ab, und wenn ihr Vater sie einmal nicht begleiten konnte, zog Edith alleine los. Sie inspizierte jeden Stein, den Ruskin erwähnte, und ging jeden Weg, den er beschrieb. So gewöhnte sie sich an das anstrengende Tempo und an die Gründlichkeit ihrer künftigen Entdeckungsreisen.

Ruskin *lehrte mich, genau zu beobachten*. Doch das war längst nicht alles. Er zeigte ihr, wie man verständig auf Schönes reagiert. Nachdem Edith viele Jahre lang versucht hatte, ihre vagen Erinnerungen an Italien wiederzubeleben, stand sie jetzt vor der Markuskirche in Venedig und erlebte sie durch die Augen des wortgewaltigen Poeten: *Während die Bürger und Barone des Nordens ihre dunklen Straßen und unheimlichen Schlösser aus Eiche und Sandstein bauten, bedeckten Venedigs Händler ihre Paläste mit Porphyr und Gold; und schließlich, wenn die großartigen Maler der Stadt für sie eine Farbe gefunden hatten, die noch wertvoller war, strichen sie sogar diesen kostbarsten ihrer Schätze in verschwenderischer Fülle auf Mauern, an deren Fundamente das Meer schlug; und die starke Flut, die unterhalb des Rialto strömt, wird bis zum heutigen Tag von den Fresken Giorgiones gerötet, die sich im Wasser spiegeln.* Die äußerst sensible Achtzehnjährige war hingerissen von dieser Prosa und dem Anblick der Markuskirche, die vor ihr emporragte. Die Gefühle, die solche ästhetischen Erfahrungen in ihr auslösten, nannte sie

Empfindungen, und dieses Wort verwendete sie immer wieder, um ihre aufregendsten Augenblicke zu beschreiben.

Ediths Vater starb im folgenden Frühjahr in Cannes, und 1882 kehrte sie mit ihrer Mutter nach Amerika zurück. Es schien, als sei die Tür zu Italien just zu dem Zeitpunkt zugeschlagen worden, als sie dabei war, das Land wirklich zu entdecken. Dennoch war der Boden bereitet. Sie verbrachte 1883 mit Walter Van Rensselaer Berry, einem jungen Anwalt, der in Harvard studiert hatte, einige Wochen in Maine. Er war eine Leseratte wie sie und besaß einen analytischen literarischen Instinkt. In ihm erblickte sie den intellektuellen Gefährten, nach dem sie sich gesehnt hatte; doch zu einer Romanze kam es nicht. 1885 heiratete sie Edward »Teddy« Wharton aus Boston, einen Freund ihres älteren Bruders. Edward war dreizehn Jahre älter als sie, hatte ein sonniges und freundliches Gemüt und war ebenso reiselustig wie sie. Endlich konnte sie ungehindert in das köstliche Italien eintauchen. Jeden Februar reisten die Whartons für mehrere Monate nach Italien, meist über Frankreich, und jedesmal erforschten sie eine andere Gegend.

Bald nach der Heirat wurde Edith sich der außergewöhnlichen Schönheit des italienischen Stils bewußt, der in ihren Augen, verglichen mit dem französischen Stil, emotionaler, voller *persönlicher Phantasie* und weniger vergeistigt war. Da das Ungewöhnliche sie immer reizte, machte sie das Italien des 18. Jahrhunderts zum Schwerpunkt ihrer Studien. Der kultivierte Amerikaner und Kunstkenner Egerton Winthrop assistierte ihr dabei. Sie las Goethe und Charles de Brosses, Dramen von Carlo Goldoni (dem italienischen Molière) und Carlo Gozzi sowie Vernon Lees *köstlich legere* Reisebeschreibungen. Und so begannen *meine Poren allmählich eine Unzahl von Details aufzunehmen* – Landschaften, Architektur, alte Möbel und Porträts aus dem 18. Jahrhundert, aber auch den Klatsch der zeitgenössischen Chronisten. Daraufhin vertiefte sie sich in Stendhal, dessen Reiseerzählungen immerhin 1800 Seiten umfassen, sowie in Bücher von J.A. Symonds, Charles Eliot Norton und Paul Bourget, die von Italien ebenso begeistert waren wie sie.

Während ihrer Reisen gönnte sie ihrer Abenteuerlust *die überaus seltene und köstliche Freude, der Allwissenheit des Reiseführers zum Trotze* die vielgepriesenen Orte auf unbekannten Wegen zu erreichen. Sie schwelgte in der *Schönheit und Tradition und Anmut* des Landes und genoß *die erstaunliche Vielfalt seiner Landschaften, die alle zauberhaft sind.* »La ligne« – die Symmetrie – entdeckte sie überall, in den Olivenhainen und Zypressenalleen wie in der Baukunst. *Sogar die Luft ist mit Architektur erfüllt. Nie werde ich meiner Ausflüge müde – ich betrachte Tore, Fenster, Höfe und Mauern. Welch untrügliches Gespür für die Form!*

1893 kaufte Edith Land's End, ein Haus, das am Rande der östlichsten Felsen von Rhode Island stand, auf dem Stückchen Land, das Europa am nächsten ist. Das Haus hatte *Fenster, welche die endlos sich wandelnden Stimmungen des nebligen Atlantiks umrahmten ... und die ganze Nacht hindurch warfen die Wogen sich gegen die Klippen.* Außerdem begann sie, Europa so weit wie möglich in ihre amerikanische Umgebung zu integrieren. Ogden Codman, ein junger Architekt aus Boston, der seine Kindheit in Frankreich verbracht hatte und durch Italien gereist war, half ihr, Land's End von dem modischen, verspielten Stil zu befreien und dem Bauwerk eine ausgewogene, harmonische Schlichtheit zu verleihen. Sie möblierte es mit ausgesuchten Stücken, die sie aus Italien mitgebracht hatte, und legte einen symmetrischen Garten an, mit *hohen Hecken und Nischen aus Spalieren* à la française, entworfen von Ogden Codman. Sie verschönte die Anlage mit Urnen und Obelisken, die sie kurioserweise in einem örtlichen Geschäft für Friedhofsschmuck erstanden hatte.

Ein glücklicher Zufall wollte es, daß eines Tages der französische Autor der SENSATIONS D'ITALIE, der junge und bereits bekannte Paul Bourget, mit seiner Frau zu Besuch kam. Bourget, ein Intellektueller und Kenner Italiens, war erstaunt, in Land's End eine Gastgeberin zu finden, die nicht nur ihr Heim mit venezianischen Schränken möbliert hatte, sondern auch seine Leidenschaft für Stendhal teilte. Edith fand zwar seine Romane unlesbar, wie die Werke vieler anderer Mitglieder ihres literarischen Freundeskreises; doch das konnte ihre Begeisterung nicht dämpfen, und sie beschlossen, Italien zu zweit zu erkunden. Aus vielen gemeinsamen *Empfindungen* entstand im Verlauf ihrer Reisen eine enge Freundschaft.

Dank Paul Bourgets Empfehlungsschreiben kam Edith mit Vernon Lee zusammen, die in Maiano, am Rande von Florenz, in Il Palmerino wohnte. Sie war nur sechs Jahre älter als Edith und

John Singer Sargents Zeichnung (1889) von Vernon Lee, die Edith Wharton als »kultivierteste und begabteste Frau, die ich je kennengelernt habe« bezeichnete.

hatte alles erreicht, was Edith noch erreichen wollte. Vernon war eine geborene Violet Paget; ihre englischen Eltern waren einst auf den Kontinent gezogen, um den britischen Verpflichtungen zu entkommen, und jagten und wanderten nun an den Gewässern Europas entlang. Ihre Art zu reisen mochte naiv sein; aber sie trafen immerhin *buntgemischte Leute, anstatt in New York zu versauern*, wie Edith sarkastisch bemerkte. In Rom hatte die temperamentvolle, kunstverständige und intelligente Mrs. Sargent, die Mutter von John Singer Sargent, die frühreife Violet unter ihre Fittiche genommen und sie in die Literatur, Musik, Geschichte und Altertümer Roms eingeführt. Im Gegensatz zur artigen Edith hatte sie damals eine Menge Spaß gehabt, wie Vernon sich später erinnerte. Sie war eine glühende Verfechterin der Emanzipation, geistreich und originell. Schon im Alter von vierundzwanzig Jahren veröffentlichte sie unter dem Namen Vernon Lee ihre abstrusen Studies of the Eighteenth Century in Italy, absichtlich mit sexuellen Zweideutigkeiten versehen, weil *niemand das Buch einer Frau über Kunst, Geschichte oder Ästhetik anders als mit unverhüllter Geringschätzung liest*. Für Henry James war sie eine *ganz erstaunliche junge Frau, die gerissenste Frau, die ich kenne, eine Tigerkatze*. Ihr Buch Limbo, erschienen 1897, enthielt eine beschwörende und zugleich poetische Abhandlung über den alten italienischen Garten. Edith sollte Vernon Lee später für die Hilfe, die sie von ihr erhielt, Italian Villas and Their Gardens widmen. Ediths natürliche Empfänglichkeit für *Emotionen, die von der physischen Schönheit der Farbe, der Form und des Lichts in ihr ausgelöst werden*, wie der Maler Robert Norton es ausdrückte, rief eine *fast wehmütige Sehnsucht* hervor, diese Gefühle mit anderen zu teilen. Aber sie mußte erst Erfahrungen als Schriftstellerin sammeln, bevor sie selbstsicher über Italien schreiben konnte. Erst mit Mitte dreißig versuchte sie, sich als Autorin zu etablieren. Ihre ersten Romane spielten hauptsächlich in Amerika und handeln von kaum verhüllter Einsamkeit und Gefangenschaft. Der Verlag Scribner lehnte eine Geschichte nach der anderen ab, und zusammen mit Paul Bourget und Vernon Lee, die damals schon erfolgreich waren, wollte sie nicht über Italien schreiben. In den entscheidenden neunziger Jahren litt sie immer wieder an lähmenden depressiven Phasen, die als Neurasthenie diagnostiziert wurden. Wie immer, wenn sie traumatische Erlebnisse hatte, kehrte sie in ihren Schriften zur Metapher des Ozeans zurück und beschrieb ihre Ängste und ihre Übelkeit als *Seekrankheit*, die es notwendig mache, *sich von den Gezeiten des Lebens zurückzuziehen und sich im Trockendock wiederherstellen zu lassen.*

Während sie noch um ihre Anerkennung als Romanschriftstellerin kämpfte, errang sie einen unerwarteten Erfolg als Sachbuchautorin. Nachdem sie und Ogden Codman ihre gemeinsame Begeisterung für die schlichte italienische Dekoration entdeckt hatten, beschlossen sie, ihre Vorstellungen in einem Buch zu verarbeiten. Zunächst noch unsicher und voller Angst, sie könne *die Gedanken, die im Kopf so klar zu sein scheinen, nicht in einfachem und präzisem Englisch formulieren*, brachte ihr Walter Berry, der sie nach vierzehn Jahren in Newport besuchte, bei, in einem *prägnanten und schlichten Stil* sowie *mit hohen Anforderungen an die Sparsamkeit des Ausdrucks und die Reinheit der Sprache* zu schreiben. Er wurde sozusagen ihr literarischer Berater, ermutigte und unterstützte sie und vermittelte ihr das Selbstvertrauen, das sie brauchte. THE DECORATION OF HOUSES, das sie zusammen mit Codman schrieb, erschien 1897 und wurde von den Kritikern und vom Publikum begeistert aufgenommen. Im folgenden Jahr erlitt Edith wieder einen Nervenzusammenbruch, und sie teilte Berry mit, sie könne *trotz aller Bemühungen nicht schreiben*. Wieder kam er, um sie zu retten, und nach vier Monaten in Washington unter der Obhut eines angesehenen Neurologen schrieb sie in rascher Folge eine völlig neue Serie von Kurzgeschichten, die Scribner 1899 unter dem Titel THE GREATER INCLINATION veröffentlichte. Schon im nächsten Jahr folgte die Novelle THE TOUCHSTONE. *Endlich*, schrieb sie, *habe ich meine Berufung gefunden.*

Mit ihrem neuen Selbstvertrauen wandte sie sich nun dem Land zu, das sie am meisten interessierte: Italien. In den folgenden Jahren schrieb sie ihre bedeutende italienische Trilogie: den Roman THE VALLEY OF DECISION (1902), ihre erste Sammlung von Reisebeschreibungen, ITALIAN BACKGROUNDS (1905), und ITALIAN VILLAS AND THEIR GARDENS (1904).

Während der zwei Jahre, in denen sie an THE VALLEY OF DECISION schrieb, zogen Edith und Teddy von Newport nach Lenox, Massachusetts, um. Dort kauften sie ein 44,5 Hektar großes Grundstück, das ursprünglich der Familie Sargent gehört hatte. Die wogenden Wellen von Newport wichen nun der Hügellandschaft von Berkshire; denn Edith fand das winterliche Klima von Newport deprimierend und spürte auf dem Land neue Lebenskräfte. Sie benannte ihr neues Heim nach Mount Bonaparte, dem Landsitz ihres Urgroßvaters, des Generalmajors Ebenezer.

Als THE VALLEY OF DECISION 1902 veröffentlicht wurde, brachte der Erfolg endlich die Anerkennung, nach der sie sich so sehr sehnte – vor allem von Paul Bourget und Vernon Lee, die eine Einleitung zur italienischen Übersetzung schrieben. Edith fühlte sich sehr geschmeichelt, als das Buch mit einem ihrer Lieblingsromane verglichen wurde, nämlich mit Stendhals DIE KARTAUSE VON PARMA. Obgleich Stendhals Roman ebenfalls in Norditalien spielt, setzt seine Geschichte erst nach Waterloo ein, zu einer Zeit, in der Ediths Roman bereits endet. Sie porträtiert die gesellschaftlich-politische Struktur einer Epoche, in der die Ideen, die zur Französischen Revolution führten, allmählich über die Alpen nach Italien drangen – Ideen, die mit der alten Ordnung aus Kirche und Staat ein für allemal Schluß machten. Ediths Held Odo, der künftige Herzog von Pianura, begeistert sich für die Idee sozialer Reformen; doch als er Herzog wird, wendet sich das Volk, das er befreien will, gegen ihn und treibt ihn aus dem Land. THE VALLEY OF DECISION ist, wie Edith selbst meinte, *eigentlich kein Roman, sondern eine romantische Chronik, deren Episoden sich wie die Sagen auf den Wandfresken der Palastmauern entfalten.*

Im Roman, den Edith schrieb, als sie gerade die Gartenanlage vor ihrem neuen Haus in Lenox plante, verschiebt sie das Thema »Garten« in das bunte Mosaik eines Zeitalters, dessen Teile größere Wahrheiten widerspiegeln. Der Garten der Villa Pisani an der Brenta ist mit Atmosphäre gesättigt, und ihre *aufblitzenden* Beschreibungen dieser Atmosphäre funkeln wie Edelsteine. Er ist lebendig, und seine *geheimen Schwingungen* waren für Edith *die größte und wichtigste Botschaft aller Kunstwerke*: der *Marmornymphen und Faune*, die *aus dem Dickicht der blühenden Kamelien hervorlugten*, der *Männer mit Ziegengesicht, die böse im Dämmerlicht lauerten*, und der Venus, *der schlanken, dunklen Göttin, die vor dem kühlen Marmor ihrer Nische stand.* Die Affären am Hof vergleicht die Autorin mit dem Labyrinth im herzoglichen Garten. Ein Tunnel aus gestutzten Zitronenbäumen führt in *ein Theater, das in den Rasen gegraben und mit Statuen des Apollo und der Musen geschmückt war.* Die Luft ist geschwängert mit *dem einschläfernden Duft von Jasmin und Buchsbaum* und voller köstlicher Farben: *Ein sonnenbeschienener cedrario oder Orangenweg erstreckte sich zur Terrasse über dem Fluß; und die schwarzen Soutanen von Priestern, die im klaren grünen Schatten eines Laubengangs wandelten, brachten hübsche dunkle Tupfen in die Szene.* Der Garten ist zugleich eine Metapher für geistige Freiheit: *›Das Leben, Cavaliere‹, sagte der alte, zügellose Herzog zu Odo, ›ist ein Wildling, auf den wir Früchte oder Blumen nach Belieben pfropfen können.‹*

Vor seiner Verbannung wird der Herzog *in die Grotte unterhalb der Terrasse* eingeladen. *An diesem schattigen Ort, übersät mit Muscheln und Korallen und gekühlt von einem künstlichen Wind, der durch marmorne Tritonshörner gepreßt wird, begann seine Lordschaft sofort von den Gerüchten zu sprechen, wonach das Volk ihn ablehne.* Bei seinem Abschied *waren die Laubengän-*

Edith Whartons Haus »The Mount« in Massachusetts war vom Belton House in England inspiriert, das damals als Werk von Sir Christopher Wren galt. Von ihren Zimmern im zweiten Stock aus sah sie die Buchsbäume, die geometrisch angeordneten Ziergärten und die Statuen im Garten, den sie nach italienischem Vorbild anlegen ließ.

ge des Gartens verlassen, die gewundenen Pfade dunkel wie unterirdische Gänge, und die nassen, schimmernden Statuen starrten geisterhaft aus der Schwärze.

Im Roman ist der Garten eine Traumlandschaft: *Odo ging hinaus auf die Terrasse, die nun in das Weiß des aufsteigenden Mondes getaucht war ... Die Stille wurde tiefer, das Murmeln des Flusses rätselhafter ... Durch den schwarzen Bogen der Laube betrachtet, lag der Mondschein wie Schnee auf den Parterres und Terrassen.* Die Redakteure des CENTURY MAGAZINE waren der Meinung, diese lyrische Prosa passe vorzüglich zu den romantischen Bildern des Malers Maxfield Parrish. Kaum war THE VALLEY OF DECISION erschienen, baten sie Edith, eine Artikelreihe zu seinen Bildern von italienischen Gärten zu schreiben. Sie war begeistert, da Parrish bereits eine ihrer Kurzgeschichten illustriert hatte. Die Redakteure hofften, ihre Prosa werde ebenso ekstatisch sein wie die »Mondschein«-Phantasien des Malers; doch sie unterschätzten die anspruchsvolle Edith. Vielleicht wären die Artikel ebenso stimmungsvoll und malerisch geworden wie ihr Roman, wenn sie nicht sehr schnell herausgefunden hätte, daß es in englischer Sprache noch kein seriöses Werk über italienische Gärten gab: *Als sich mir die Gelegenheit bot, ein Buch zu schreiben, das geschrieben werden mußte, machte ich mich energisch an die Arbeit.* Nach dem Erfolg ihres ersten Romans *war ihr schöpferischer und kritischer Appetit unstillbar*, bemerkte ihr Biograph R.W.B. Lewis. Sie bewältigte die Aufgabe mit *kultureller Energie*, wie Bourget es ausdrückte. Henry James fand diese Energie bisweilen

OBEN *Die elegante und erfolgreiche Edith Wharton 1907 in Paris. Sie genoß den Ruhm, den ihr der Roman* HAUS DER FREUDE *eingetragen hatte, in vollen Zügen.*

GEGENÜBER *Der grün-goldene Umschlag der Erstausgabe von* ITALIAN VILLAS AND THEIR GARDENS, *entworfen von Mark J. Black.*

überwältigend, wenn er mit den *reichen, stürmischen, beutehungrigen* Whartons reiste, die ihm *die Sporen gaben.*

Edith war sich durchaus bewußt, daß der italienische Garten nichts mit der Kunst der Gärtnerei zu tun hatte, sondern vielmehr selbst ein Kunstwerk war. Sie hatte sich lange mit Architektur, Malerei und Bildhauerei befaßt und wußte daher viel über die bildenden Künste. Darüber hinaus hatte sie sich intensiv mit der italienischen Literatur, Dichtung und Mythologie beschäftigt. Im Garten der Renaissance, der getränkt war mit Symbolik, Allegorien und den Visionen der Poeten, erkannte sie die verwunschenen Gärten Tassos, die Fabeln des Ariosto, die Philosophie Petrarcas und die spirituelle Reise Dantes wieder.

Edith sehnte sich nach diesem unbekannten Terrain, und so segelte sie am 3. Januar 1903 mit Teddy nach Genua. Da der Arzt ihrem Gatten geraten hatte, einige Zeit unter der Wintersonne zu verbringen, saß Edith zunächst drei Wochen lang unter einer Palme in San Remo fest und wartete ungeduldig darauf, endlich die verheißenen italienischen Gärten bewundern zu dürfen. Von San Remo fuhren die Whartons nach Genua und setzten von dort die Reise in Richtung Rom fort, wo sie in der ersten Februarwoche ankamen und einen Monat lang blieben.

Einer der Höhepunkte ihres Aufenthalts war zweifellos ihre erste Fahrt in einem Automobil, das George Meyer, der amerikanische Botschafter, von Rom nach Caprarola steuerte. Sie war überrascht, an einem einzigen Nachmittag weit über hundert Kilometer zurücklegen zu können. *Ich saß hoch wie ein Kutscher neben dem Botschafter. Im dünnen Frühlingskleid, mit einem Matrosenhut auf dem Chignon und einem zwei Zoll langen Tüllschleier über der Nase kletterte ich stolz auf meinen Platz, und schon sausten wir durch die campagna, über Stock und Stein, durch Rinnen und über Gossen. Der Wind zerzauste uns, Staub hüllte uns ein; ich hielt meinen Hut fest und George Meyer (zum*

Glück) das Lenkrad. Dieser Ausflug, erzählte sie später, war der schönste, den sie je in Italien erlebt hatte: *Der Anblick des Höhenzuges zwischen Ronciglione und Caprarola, der Blick hinab auf den Lago di Vico auf der einen und die weite Ebene auf der anderen Seite ... war wie eine von Turners italienischen Visionen.*
Die nächste Station war Siena. Sie luden ihre amerikanischen Freunde ein, sie zu begleiten. Die Reiseroute habe einer Schlangenlinie geglichen, und sie hätten viele Pausen eingelegt, da Edith berühmte, wenn auch abgelegene Gärten habe besichtigen wollen, schreibt William Buckler in seinen unveröffentlichten Memoiren. Sie fotografierte, machte sich ausführliche Notizen und kaufte alte Bücher, in der Hoffnung, vergessene Villen und den ursprünglichen Zustand der Gärten zu entdecken. Buckler war erstaunt darüber, wie schäbig manche Villen und deren Bewohner aussahen.
Ich wünsche mir so sehr, du wärst bei uns gewesen, als wir Rom verließen, schrieb Edith ihrer Freundin Sally Norton am 17. März aus dem Hotel Bristol in Florenz. *Wir haben Viterbo, Montefiascone, Orvieto und die herrlichen Villen bei Siena gesehen! Wir sind erst gestern abend hier angekommen, und Fräulein Paget [Vernon Lee] hat für mich eine lange Liste von Villen in der Nähe zusammengestellt und gibt sich große Mühe, Expeditionen zu arrangieren. Ich denke, wir werden länger bleiben als erwartet.* Vernon Lees Hilfe war von unschätzbarem Wert. Ihre *Vertrautheit mit dem ländlichen Italien und ihre vielen italienischen Freunde machten es ihr leicht, mich an die richtigen Orte zu führen und mich mit Leuten bekannt zu machen, die mir einen Besuch dieser Plätze ermöglichen konnten ... Ihr verdanke ich es, daß ich überall offene Türen vorfand.*
Am 27. März trafen die Whartons Paul und Minnie Bourget, die ihnen von Hyères nachgereist waren, um mit ihnen durch die Brenta und Venetien zu reisen. Edith fand noch Zeit, eine Kur in den Thermalbädern von Salsomaggiore bei Parma einzuschieben sowie die Seen in der Umgebung zu erkunden, um am 15. April Paris zu erreichen. *Unsere Zeit*, schrieb sie in meisterhafter Untertreibung, *ist schmerzlich kurz.*
Zehn Tage später kehrten sie nach Amerika zurück, *wo die Atmosphäre so dünn ist, daß meine überladenen Empfindungen sich beruhigen können.* Ihr erster Artikel erschien im November 1903 im CENTURY MAGAZINE und war mit einer von Parrishs *brillanten Idealisierungen* der italienischen Landschaft illustriert. Daraufhin schrieb Richard Watson Gilder, einer der Redakteure, in einem *besorgten Brief*, er fände den Text *zu trokken und zu technisch. Ob ich in der nächsten Ausgabe ein paar Anekdoten und ein wenig menschliches Interesse einbringen könne? Meine Antwort war knapp.* Edith, deren literarisches Gewissen sich gegen Konzessionen sträubte, bestand auf ihrem Thema, *das bisher in englischer Sprache nur äußerst amateurhaft behandelt worden war.*

Es ist geradezu unverzeihlich, daß das CENTURY MAGAZINE Ediths bahnbrechende Arbeit nicht honorierte und es versäumte, die Pläne abzudrucken, deren Beschaffung Edith so viel Mühe gekostet hatte. Statt dessen mußte sie auf engem Raum beschreiben, was die Pläne erklärt hätten. Sie hätte lieber mehr von den *glitzernden Perlen* eingefügt, die ein Kritiker von THE VALLEY OF DECISION als *schillernde Luftblasen von den Lippen der Phantasie* bezeichnet hatte. Dennoch, meinte Lewis, seien Ediths Werke *erfüllt vom düsteren Charme ihres Stils und einer würdevollen Bewegung.* Die gesammelten Artikel erschienen 1904 unter dem Titel ITALIAN VILLAS AND THEIR GARDENS als Buch und waren Wegbereiter für Architekturstudenten, Landschaftsgärtner und Enthusiasten wie Inigo Triggs, Sir Geoffrey Jellicoe, Jock Shepherd und Sir George Sitwell, die alle Ediths Fußstapfen folgten und ihr Tribut zollten. Einer ihrer ersten Leser

LINKS *Robert Nortons Aquarell von Edith Whartons letztem Garten beim Pavillon Colombe, Saint-Brice, wie ihn ein Besucher in den dreißiger Jahren sah: »Dort herrschte Ruhe, und das Gefühl, in einer anderen Welt zu sein, war so stark, daß man sein alltägliches Ich an der Schwelle abwarf ... Steintöpfe mit rosa Klettergeranien ragten aus dem üppigen Gras des feuchten Sommers, und der stechende Duft der Buchsbäume stieg aus den exakt gestutzten Hecken.«*

GEGENÜBER *Edith Wharton in den dreißiger Jahren auf der Terrasse in Sainte-Claire, neben ihr die Haushälterin und ihre kleinen Hunde, die sie stets auf Reisen mitnahm.*

war Egerton Winthrops Neffe Lawrence Johnston, dessen bahnbrechenden englischen Garten Hidcote sie stark beeinflußte.

Edith Wharton pflegte ihre eigenen Gärten hingebungsvoll. Sie beauftragte zwar ihre Nichte Beatrix Farrand, den Kräutergarten zu gestalten, kümmerte sich aber um den Rest selbst. Teddy beteiligte sich ebenfalls und *sorgte für die Aussicht durch die Bäume hindurch*. Später räumte Edith ein, daß ihr Garten den österreichischen Botschafter, als er von der Terrasse aus über die geometrischen Parterres, den Steingarten, die Bäume, die Hügel und den See blickte, zu der Bemerkung veranlaßte: *Ah, Mrs. Wharton, wenn ich mich umschaue, weiß ich nicht, ob ich in England oder in Italien bin.*

Bezichnenderweise schuf sie nie einen Garten in Italien. Vielleicht hatte sie ihr Thema ausgeschöpft oder wagte sich nicht an diese »Perle«. In Frankreich dagegen gestaltete sie zwei Gärten, die sie *meine zwei Heiligen* nannte: Saint-Brice vor Paris und Sainte-Claire an einem Hang bei Hyères mit Blick auf das Mittelmeer, wo sie die Winter in der Gesellschaft von zwei der größten Landschaftsgärtner dieses Jahrhunderts verbrachte, Lawrence »Johnnie« Johnston und Charles de Noailles

Der Kunstkritiker Bernard Berenson hatte inzwischen ihre intellektuellen Freunde Walter Berry und Henry James ersetzt. Die Villa, die Bernard und seine Frau Mary in der Nähe von Florenz bewohnten, wurde Ediths spirituelle Heimat. Und sie besuchte das Paar jedes Jahr, meistens auf dem Weg nach Hyères. *Sainte-Claire*, schrieb sie Berenson, *war nicht nur der Vorgarten des Himmels; es ist der wahre ›cielo della quieta‹, den Dante über dem siebenten Himmel fand.* 1933 schrieb sie Berenson, tief bekümmert über den Krieg, den sie herannahen spürte, und schlug ihm eine kurze Begegnung in seiner Sommervilla vor: *Handeln wir wie die Freunde Boccaccios – und vergessen wir es dann.*

Im Alter von 73 Jahren stand sie in Paris vor den Meisterwerken der italienischen Renaissance, wie damals in ihrer Jugend, und diesmal erlebte sie sie nicht als *Wogen*, sondern als *eine große*

Flutwelle der Schönheit. Doch gleich danach kam die unerbittliche *Flutwelle der Erschöpfung*, denn ihre Gesundheit verschlechterte sich. *Ja, der Garten ist das einzige, was mich noch am Leben erhält*, schrieb sie ihrem jungen Freund und Gartenliebhaber Louis Bromfield.

Kaum war die Tinte ihrer Memoiren getrocknet, in denen sie aus *dem Duft der Buchsbaumhecken ... und der Textur des verwitterten, von der Sonne vergoldeten Sandsteins* das Rom ihrer Kindheit herausdestillierte, als sie ihren ersten Schlaganfall erlitt. Die letzten Wochen vor ihrem Tod im August 1937 waren friedlich. Sie ließ sich im Rollstuhl sitzend im Garten herumfahren, sah Freunde zum letztenmal, döste auf dem Sofa und erging sich in Erinnerungen. *Was für beschwerliche, einsame Tage, als ich von Italien träumte*, schrieb sie.

Italien hatte ihre trübe Jugend wie ein Leuchtturm erhellt. Es war ihre erste Liebe gewesen, und sie liebte unschuldig und instinktiv. Als sie herangewachsen war und das Land mit wissenden und klaren Augen sah, liebte sie es noch mehr. Es lockte sie wie eine Sirene – wie jenes Wesen, das sie einst aufgefordert hatte, aus der langen literarischen Pilgerfahrt eine Lebensaufgabe zu machen. Und in den letzten Sommerwochen, als das Leben allmählich erlosch, dachte sie vielleicht an einen viel früheren Sommer. Vor achtunddreißig Jahren hatte sie mit Teddy und den Bourgets Urlaub gemacht, hoch oben in der Schweiz in einer unberührten Landschaft aus *präzise angelegten Gärten und gebändigten Reben*. Dieser Ort glich einem *Paradies für alte Jungfern, das in hoffnungslose Unordnung geraten würde, wenn man etwas so Unpassendes wie ein Kunstwerk hineinstellte*. Von der kühlen, angenehmen, aber wenig aufregenden Höhe des Splügenpasses herab beobachtete sie die Postkutschen, die aus Italien kamen, alle heiß, staubig und ungepflegt. *Was ist besser*, schrieb sie über diese Augenblicke, *in der Kühle einen Wasserfall oder in der Hitze Sankt Markus zu betrachten? ... Allmählich begannen wir uns vorzustellen, was wir empfänden, würden wir in der zurückfahrenden Kutsche Platz nehmen ... Wir sprachen nicht viel, doch eines Morgens bei Sonnenaufgang stand eine Reisekutsche vor der Tür. Niemand schien zu wissen, wer sie bestellt hatte, aber wir sahen, daß unser Gepäck hinten angeschnallt war*. Sie sah die andere Kutsche stumm warten: *Da standen sie nebeneinander in staubigem Schlummer, bis die Kuhglocken sie am Morgen weckten und sie abfuhren. Die eine fährt zurück nach Thusis, in die Gegend mit den guten Hotels, der reinen Luft und den malerischen Platitüden. Wenn es nach uns geht, mag sie leer bleiben. Die andere jedoch ... erwacht aus ihrem alpinen Schlaf, erklimmt bei Sonnenaufgang den kalten Paß und fährt auf Windungen hinab in das Land, wo die Kirchtürme zu campanili werden, wo die Rebe sich aus der pendelnde Fessel löst und, befreit, die Maulbeeren umarmt. Und in der Ferne, jenseits der Ebene, grüßt die Luftspiegelung aus Kuppeln und Türmen, aus bemalten Wänden und Altarplastiken über die staubigsten Winkel des Gedächtnisses hinweg. In dieser Kutsche nehmen wir Platz.*

Gärten der Lombardei

Im 19. Jahrhundert überquerten Reisende die mächtigen Alpen, indem sie über den Brenner, den Splügen oder den Cenis nach Italien reisten – aber kein Paß war so großartig, so hoch und so gefährlich wie der Simplon. *Der Simplon*, schrieb Lord Byron, nachdem er ihn 1816 überquert hatte, *ist die vorzüglichste aller möglichen Routen. Seine Natur ist herrlich, und was seine Kunst betrifft, so haben Gott und der Mensch wahre Wunder vollbracht – aber auch der Teufel, der eine Hand (oder einen Huf) auf einige der Felsen und Schluchten gelegt haben muß.*

Der Simplon war im Jahr 1800, als Napoleon von Frankreich nach Italien zog, kaum passierbar. Er war seit 1644 fast unverändert geblieben. Damals hatte John Evelyn eine abenteuerliche Überquerung auf einem Maultier gewagt und wie durch ein Wunder überlebt. Er und sein Gefolge waren auf einem schmalen und heimtückischen Pfad entlanggekrochen, und der Nebel war so dicht gewesen, daß sie einander weder sehen noch hören konnten. Fast blind hatten sie auf ungesicherten Brücken *Schluchten von beinahe phantastischer Tiefe* überquert, während an allen Seiten *Stromschnellen schrecklich dröhnten.* Napoleons 30 000 Männer benötigten sechs Jahre und fünf Millionen Kilo Schießpulver, um die massiven Bergwände zu durchbrechen und die notwendigen 653 Brücken über Schluchten und Klüfte zu bauen.

Die neue Straße über den Simplon galt als Wunder ihrer Zeit. Sie eröffnete einen aufregenden Zugang zum Gelobten Land der Bildungshungrigen und wurde bald zum legendären Weg nach Italien. Unter den ersten Reisenden befand sich 1814 auch Karoline von Braunschweig, die Gemahlin von Georg IV. Ihr folgten bald Byron, Stendhal und Shelley. Turner malte und skizzierte seine Reise ebenso wie Ruskin im Jahre 1844. Im selben Jahr zog Dickens mit seiner Frau, fünf Kindern, Dienern und Hund über den Paß. Der junge Henry James wanderte auf einem Teil des Weges, und der französische Schriftsteller Théophile Gautier schilderte seine abenteuerliche Überquerung im 1852 veröffentlichten ITALIA.

Auf schwindelerregenden Pfaden rumpelten Kutschen aus der kalten Luft der Alpen hinab in die Wärme Italiens. Ihre Insassen umklammerten Reiseführer von BAEDEKER, BRADSHAW oder MURRAY, die ihnen versicherten, daß die vor ihnen liegende Welt frei sei von *gefährlichen Abgründen und Räubern.* Englische Kutschen, berichtete Byron, wurden regelmäßig *angehalten und verschiedener Habseligkeiten beraubt.* Den Gefahren stand die atemberaubend schöne Abfahrt in das Traumland Lombardei gegenüber. *Es ging hinab, immer hinab, nach Italien*, schrieb Henry James seiner Schwester Alice. *Eine hinreißende Fahrt durch eine wilde Pracht aus Mais & Reben & Oliven & Feigen & Maulbeeren & Kastanien & Dörfern wie Mosaiken … Man kann die Schönheit der italienischen Seen nicht beschreiben, und wenn man es könnte, würde man es nicht versuchen; selbst die blumigste Rhetorik könnte sie nur so in Erinnerung rufen, wie ein Bild über einem Kamin an einen Claude [Lorrain] erinnert. Aber sie lag vor mir ausgebreitet … im langen Schimmer des [Lago] Maggiore.*

Jenseits des Sees erstreckte sich eine weite grüne Ebene, als hätte *die Natur hier das Geröll der Erde in die Alpen geschoben, um die Ebenen der Lombardei zu formen*, wie John Evelyn phantasievoll bemerkte. Am weiten Horizont erhoben sich, oft in Nebel gehüllt, die Türme von Mailand, der Stadt der Bankiers. Ihr langer, begüterter Arm hatte sich in die *lächelnde Landschaft* der italienischen Seen vorgeschoben und dort Villen und Gärten für die Eitelkeit und das Vergnügen der Reichen erschaffen.

Der MURRAY-Reiseführer für Norditalien wurde 1842 erstmals veröffentlicht. Sein Hauptziel bestand darin, *die Reisestrapazen*

VORIGE SEITEN *Die berauschende Schönheit der lombardischen Landschaft beeindruckte einst jeden Ankömmling. Das Wetter war ebenso temperamentvoll wie die Menschen: Es gab plötzlich aufkommende Stürme und heftige Gewitter, sogar bei funkelndem Sonnenlicht. Die berühmten Nebel hingen drückend in der Luft und klammerten sich an die Berge, bis die tramontana, der grimmige Nordwind, sie wegblies. Danach zeigte sich jede Einzelheit in erstaunlicher Klarheit. Diese Glyzinie in einem der »wenigen ungestörten Winkel voller alter Gartenmagie«, wie Edith Wharton schrieb, wächst über dem Lago di Como neben der Villa Carlotta.*

GEGENÜBER *Der Simplonpaß war selbst nach dem Bau der Straße noch heimtückisch, wie diese Vignette (nach Turner) zeigt. Man stelle sich den armen John Evelyn vor, der im 17. Jahrhundert, als es noch keinen Weg gab, seine Heilkräuter mit Maultieren vom botanischen Garten in Padua über die Alpen brachte.*

RECHTS *Blick über den Lago di Como nach Bellagio. Der Nebel hat sich gehoben und das klare Licht enthüllt, das der Gegend ihren »immerwährenden Liebreiz« schenkt.*

zu lindern, wie Henry James bemerkte. Wie ein erfahrenes und zur Vorsicht mahnendes Kindermädchen bot er detaillierte Informationen über alles Sehenswerte, nahm den Leser an der Hand, setzte ihn in ein Boot und fuhr mit ihm zum Gartenparadies der Borromäischen Inseln. Unterwegs konnte man selbst sehen, ob die Isola Bella wirklich *einer riesigen Rebhuhnpastete* glich, die *mit den Köpfen von Waldschnepfen und Rebhühnern verziert ist.* In Arona stieg man Stufe für Stufe in den Kopf der kolossalen, 32,5 Meter hohen Bronzestatue von San Carlo Borromeo hinauf, wo man angewiesen wurde, sich *durch den oberen und unteren Faltenwurf des Hemdes zu zwängen* und so auf Steigeisen die kupferne Innenseite des Heiligen zu erklimmen, wo man *sich in der Nische der Nase, die als Lehrstuhl dient, hinsetzen und ausruhen kann* – jedoch mit dem Hinweis, daß *Nervöse oder Korpulente dies nicht versuchen sollten.* Man wurde durch die Villen der Mailänder Oberschicht geführt, die während der *villeggiatura* bewohnt waren – die Villa Carlotta, die Villa d'Este und die Villa Pliniana –, und erfuhr Wissenswertes über Gärten und herrliche Aussichten. MURRAY sagte den Touristen (im Gegensatz zu Stendhal in REISE IN ITALIEN) jedoch nicht, daß dort, wo die Villa Serbelloni errichtet wurde, einst ein altes Schloß – die Villa Sfrondata – gestanden hatte, das der Nichte des Papstes Gregor XIV. gehörte. Vielmehr zeigte man den Besuchern den Ort, wo sie ihre Liebhaber über den Steilhang in den See stürzte, wenn sie

ihrer überdrüssig war. *Wir sahen zwar die Stelle, aber nicht die Liebhaber*, bemerkte Stendhal lakonisch.
Wie ein befreiter Flaschengeist beflügelte der genius loci die Phantasie, und die Landschaft, welche die Touristen betörte, regte auch die Musen an. *Der Comer See spielt eine große Rolle in Romanen mit ›unmoralischen‹ Tendenzen*, meinte Henry James unter Anspielung auf Fabrizio del Dongo, den Helden in Stendhals Kartause von Parma, der Kardinal Alessandro I. Farnese (der spätere Papst Paul III.) nachempfunden war. Stendhal, der als französischer Konsul in Rom weilte, verlegte die Geschichte dieses Mannes, der mit dem Bau der großartigen Villa Caprarola begonnen hatte, aus diplomatischer Rücksicht in die Lombardei. Die ganze Atmosphäre war entschieden opernhaft – selbst Henry James *schwelgte wie in einem Libretto*.
Am Ufer des Comer Sees, diesem ewig fließenden Brunnen der Inspiration, komponierten Bellini Norma und La Sonnambula, Rossini Tancredi und Verdi den zweiten Akt von La Traviata. Um ihre Arien zu testen, bedienten die Komponisten sich der Dienste der Madame Giuditta Pasta, der Callas jener Zeit, sowie

Panoramaansicht des Comer Sees mit den Villen am Ufer. Die fast mythische, musenerfüllte Landschaft inspirierte Komponisten, Maler und Schriftsteller, die dort ihre Heim- und Wirkungsstätte fanden. Die umliegenden Berge wurden von den Mailänder Herzögen einst mit Kastanienbäumen bepflanzt, um in Notzeiten Nahrung zu haben.

Diese Aquarelle, die die Loggia (links) und die Außenansicht (rechts) der Renaissancevilla Pliniana am Ufer des Comer Sees zeigen, entstanden etwa zu der Zeit, als Edith Wharton Ella du Cane besuchte. Edith schwärmte: »Der Kontrast zwischen dieser dunklen, tropfenden Loggia und dem glänzenden blauen Wasser des Sees und seinem von Sonnenlicht überfluteten westlichen Ufer ist, was die Empfindungen angeht, einer der wundervollsten, den die italienische Villenkunst je hervorgebracht hat.« Die Quelle hatte Plinius d. Ä. im 1. Jahrhundert n.Chr. entdeckt. Sie wurde so berühmt, daß Leonardo da Vinci, der in Mailand als Schützling der Sforza lebte, sie aufsuchte und zeichnete. Die Briefe Plinius' d. J., in denen er die Pläne seiner Villen bei Rom und in der Toskana erörtert, wurden zur Grundlage der Gartenarchitektur in der Renaissance. Plinius vergleicht darin die sprudelnde Quelle mit der heiligen Quelle des Parnaß und erläutert seine Vorstellung von otium *– einem Leben in geistreichem Müßiggang. Seine Schriften begründeten die Idee vom Garten als Ort der spirituellen und körperlichen Erbauung.*

ihres Gatten, des Tenors Giuseppe Pasta. Eine andere Diva, »La Grissina«, sang auf der Isola Bella für Napoleon, der eine heftige Affäre mit ihr hatte. Liszt, den eine Liaison ins Exil getrieben hatte, schrieb seine Dante Sonata am Ufer des Comer Sees, wo am Weihnachtstag 1837 seine Tochter Cosima, die spätere Frau Richard Wagners, geboren wurde. Wagner könnte Kundrys Zaubergarten im Parsifal auf der Isola Bella ersonnen haben.

Die Lombardei ist von Natur aus ein Land der Kontraste. Ihr gegensätzlicher Charakter, den Gartenarchitekten seit jeher geschickt ausnutzen, ist überall sichtbar: in der sich hebenden und senkenden Topographie, in den hohen und niedrigen Temperaturen, im Licht und Dunkel der Tageszeiten. Plinius d. J., der berühmteste Bürger der Lombardei in der Antike, verstand und verkörperte diese inhärente Dichotomie. Im Alter von vierzehn Jahren verließ er seine Geburtsstadt Como, blieb jedoch dem See wehmütig verbunden, der, wie er schrieb, *nützlich und schön zugleich ist*. Als er von seinem Onkel Plinius d. Ä. Land erbte, baute er an beiden Seiten des Sees eine Villa, die eine hoch oben, die andere tief unten. Die höhergelegene, in Bellagio, stand auf einem Grat. Keine andere Villa am See bot eine so herrliche Aussicht auf die Alpen. Er nannte sie »Tragedia« nach dem kniehohen Schnürstiefel, den die Schauspieler in den klassischen griechischen Tragödien trugen. Die tiefergelegene Villa in Lenno, nahe der Bucht von Tremezzina, schmiegte sich an das Ufer. Diese nannte er »Comedia« nach den niedrigen Schuhen, welche die Schauspieler in den Komödien verwendeten. *Jede*, schrieb er, *erscheint dem Bewohner als die schönere von beiden.*

Sowohl der ältere als auch der jüngere Plinius waren sehr an der kleinen, sprudelnden Quelle am anderen Ende des Sees interessiert, *die in den Bergen entspringt, zwischen Felsen rinnt und von einem kleinen Speisesaal aufgenommen wird*, wie Plinius d. J. schreibt. Die Quelle sprudelte dreimal am Tag in regelmäßigen Zeitabständen unterschiedlich stark. Er, der in ihrer Nähe lebte, speiste und von ihrem Wasser trank, konnte sich dieses Phänomen nicht erklären und stellte sieben verschiedene Theorien auf. In dieser Anekdote sind die wichtigsten Elemente des italienischen Gartens bereits als Keim enthalten: die Leidenschaft für das Wasser und die Metapher vom kleinen Brunnen als Quelle aller Kreativität.

Um 1575 wurde über der Quelle ein Renaissancepalast, die Villa Pliniana, erbaut. Als Shelley im April 1818 an den Comer See kam, war er fasziniert davon. Er spürte, wie die Musen der Poesie sich regten, und wollte die Villa für den Sommer mieten. Die vernachlässigte Quelle, damals ein Springbrunnen im Innenhof, folgte noch immer ihrem alten Rhythmus. Als Edith Wharton im April 1903 die Villa besuchte, staunte sie darüber, wie der Baumeister den Sturzbach eingefangen und *durch den mittleren Raum der Villa* geleitet hatte. *Die Wirkung ist selbst im Wunderland des italienischen Gartens einzigartig.*

Die Villa Pliniana war ein Paradies für Puristen. Edith Wharton fand darin die Essenz der Lombardei, unberührt von der Begeisterung für den *neuen englischen Garten*, die damals viele Gärten verunstaltete. Für sie war der Renaissancegarten ein heiliger Boden, der zerstört und entweiht wurde, wenn man daraus einen modischen Park im englischen Stil mit exotischen Bäumen und Sträuchern machte. *Die Furie des modernen Gartenbaus*, klagte sie voller Zorn, *ist wie eine Flutwelle über die Lombardei gefegt.* Die neue Mode hinterließ eine Spur der Verwüstung: gewundene Wege, scheckige Blumenbeete und hügelige Rasenflächen. *Hier und da sind einige unberührte Winkel erhalten geblieben … doch diese alten Plätze sind so verstreut und werden von der neuen Methode des Gartenbaus derart beiseite gedrängt, daß man seine Phantasie anstrengen muß, um sich vorstellen zu können, wie die alten Gärten am See einmal ausgesehen haben.*

Das ausgeglichene Klima der Lombardei und das reichlich vorhandene Wasser hatten es den Gartenarchitekten immer ermöglicht, Blumen in Fülle zu pflanzen und *helle Farben mit architektonischen Formen zu verbinden*. Edith Wharton wußte, daß die alte italienische Gartenkunst bisweilen *artifiziell* und *ausgesprochen konventionell*, ja eine *totale Verneinung der Natur* war, und sie räumte ein, daß die phantastische Landschaft der Seen *für den Gartenarchitekten fast jeden Exzeß der Phantasie rechtfertigte.* Eines aber durften die Gärten nicht sein: englisch. Die lombardischen Gärtner, die ihr leidenschaftliches Engagement für die Erhaltung des ursprünglichen Zustands respektierten, durften sich wie die Wärter eines Museums darauf freuen, ein Leben lang Terrassen zu rechen, Buchsbäume zu stutzen, Zitronen zu pflükken und sich an Whartons Segen zu ergötzen.

Die Borromäischen Inseln

Vor fast fünfhundert Jahren kaufte Graf Lancilotto Borromeo zwei felsige Fischerinseln an einer Krümmung am nordwestlichen Ausläufer des Lago Maggiore. Aus der einen wurde ein botanisches Paradies, aus der anderen ein Meisterwerk des Barock. Isola Bella und Isola Madre gehören heute noch den Borromei und sind die prunkvollsten Inseln Italiens.

Die Borromei waren eine reiche, kultivierte und philanthropische Mailänder Familie, in der sich das Große und Gute ihrer Zeit vereinigte; denn an ihrem Stammbaum hängen nicht nur Heerscharen von Kardinälen und Erzbischöfen, sondern auch ein Papst und ein Heiliger: San Carlo Borromeo.

Im 15. und 16. Jahrhundert wurden Mailand und die Lombardei von den Herzögen der Visconti und der Sforza regiert. Diese waren eine paradoxe Mischung aus künstlerischem Genie und grober Korruption. Sie bewässerten die lombardische Ebene, um den Anbau von Maulbeerbäumen und Reis zu fördern, waren Mäzene Leonardo da Vincis und legten den Grundstein für den Mailänder Dom; gleichzeitig beseitigten sie sich gegenseitig mit erstaunlicher Unbekümmertheit und Phantasie. Die Kirche war kaum weniger korrupt. In diesem Klima wurde 1538 Carlo Borromeo geboren, dem es bestimmt war, der große Reformator seiner Zeit zu werden. Obwohl man in den Reiseführern liest, Carlo sei früh Priester geworden und habe auf der Isola Madre als Einsiedler gelebt, war er in seiner Jugend ein *bon viveur* und führte ein aufreibendes Leben in der Gesellschaft. Das änderte sich nach der Wahl seines Onkels zum Papst Pius IV., der ihn im Alter von zweiundzwanzig Jahren zum Kardinal ernannte und nach Rom beorderte, damit er in der Villa Pio auf dem Hügel des Vatikan über ernstere Dinge nachdenke.

Das Volk liebte Carlo für seine Güte und seinen Mut. Als 1576/77 die Pest wütete, setzte er sein Leben aufs Spiel und teilte die Sakramente aus. Doch seine kompromißlosen Bemühungen, die Kirche im Geiste der Gegenreformation von skandalösen Mißständen zu säubern, verschafften ihm auch Feinde. Der Priesterorden der Humilitaten versuchte, ihn zu ermorden, als er in seiner privaten Kapelle betete; aber die abgefeuerte Kugel prallte an ihm ab. Das Volk sah darin einen göttlichen Eingriff, ein Wunder.

Als Carlo mit 46 Jahren starb, wurde er im Mailänder Dom aufgebahrt. *Um sich ein Bild von der étalage machen zu können, muß man sich vorstellen, daß ein Juwelier – aus welchen Gründen auch immer – eine Partnerschaft mit einem Leichenbestatter eingegangen ist*, schrieb Henry James. *Der schwarze, mumifizierte Leichnam des Heiligen liegt in einem gläsernen Sarg, in Trauergewänder gehüllt, mit Mitra, Bischofsstab und Handschuhen, funkelnd vor Juwelen.* Dieser schaurige Guckkasten war eine der Hauptattraktionen großer Bildungsreisen.

San Carlo war im Aspik der Rechtschaffenheit konserviert; aber die Zeit blieb nicht stehen. 1797 besuchte Napoleon die Inseln und schnitzte das Wort *battaglia* (Schlacht) in den Stamm eines Lorbeerbaums auf der Isola Bella. Man brachte ihn zur Isola Madre, damit er die Fasanen bewunderte, und er bat darum, einen mitnehmen zu dürfen. Zwei Jahre später, nachdem die Schlacht von Morengo ihn zum Kaiser von Frankreich und König von Italien gemacht hatte, kehrte er zurück und wurde von Prinz Borromeo herzlich begrüßt, obwohl Napoleon die Rocca d'Arona, das Haus von dessen Familie, zerstört hatte. Sein Sieg wurde auf den Inseln mit Empfängen und einem Galakonzert gefeiert.

Graf Borromeos früher Tod im Jahr 1513 machte den Plänen, die Isola Bella zu erschließen, ein Ende. Als die Borromei sich im 17. Jahrhundert daranmachten, diese Insel von *nackten, splitternden Felsen* zu befreien, hatte ein neues Saeculum begonnen, berauscht vom Barock. Die klassischen Gesetze der Perspektive wichen dem freien Umgang mit dem unendlichen Raum, und die Phantasie spielte mit prachtvollen und dramatischen Effekten.

Ein Blick auf die Borromäischen Inseln, von einem unbekannten Künstler des 18. Jahrhunderts festgehalten. »Die Borromei verwandelten ihre felsigen Inseln in die hängenden Gärten, die für Reisende zu den wichtigsten Sehenswürdigkeiten der ›großen Tour‹ gehörten«, schrieb Edith Wharton. »Der Schöne Tag neigte sich dem Ende zu, als wir am Lago Maggiore mit seinen lieblichen Inseln ankamen. Denn so phantastisch die Isola Bella auch sein mag, sie ist dennoch schön. Alles, was aus diesem blauen Wasser ragt und von einer solchen Landschaft umgeben ist, muß schön sein«, schrieb Charles Dickens. Edith Wharton fügte hinzu: »Sind sie real? Nein; doch die Landschaft der Umgebung ist es auch nicht. Sind sie wie alle anderen Gärten auf Erden? Nein; aber die Berge und Küsten, die sie umgeben, gleichen ebenfalls keinen irdischen Küsten und Bergen. Sie sind die Gärten Armidas, verankert in einem See der Träume.«

Isola Madre

Edith Wharton zufolge war die Isola Madre *ohne besonderes Interesse, außer für den Gärtner*. Doch John Ruskin liebte die Insel. Ein Brief vom 23. August 1845 an seinen Vater beginnt mit den Worten: *Ich bin gewiß dabei, ein sehr gewöhnlicher Mensch zu werden. Aber hier ist endlich schönes Wetter, und ich stand zeitig auf, um einen Morgenspaziergang auf der Isola Madre zu machen, und ich genoß es ganz so wie das ›Publikum‹. Ich liebe die Aloen und die Lorbeerbäume und die Pinien und die regelmäßigen Kieswege und die vedutas, die man durchs Blattwerk geschlagen hat.*

»Die Isola Madre«, schrieb Edith Wharton, »die größte der Borromäischen Inseln, wurde als erste bebaut und bepflanzt.« Den Palazzo beschrieb sie als »reinen Renaissancepalast«. Der Garten ist eine Inselphantasie aus Blumen und Pfauen.

Die Isola Madre war von Anfang an ein Paradiesgarten, gesegnet mit der Aura San Carlos. Die Arbeiten an Palast und Garten begannen bald nach dem Kauf im Jahre 1501. Man brauchte zwei Jahre, um den Palazzo auf den Ruinen einer römischen Festung zu errichten. Die Loggia wurde im 18. Jahrhundert erbaut. Zusätzlich zu den alten Olivenbäumen legte man Obst- und Weingärten an. Für die Fasanen und Numidia-Hühner, die Napoleon später so bewunderte, wurden Haine aus Lorbeerbäumen, Tannen, Zypressen und anderen immergrünen Bäumen angelegt.

Das ausgeglichene Klima mit milden, sonnigen Wintern und feuchten Sommern erlaubte die Zucht empfindlicher Pflanzen. Im 19. Jahrhundert riß man die hohen Schutzmauern der Insel ab, grub Rebstöcke und Maulbeerbäume aus und schuf einen malerischen Park im englischen Stil mit vielen Zierbäumen. Die Terrassengärten wurden mit Exoten bepflanzt – Palmen, Papyrus, Lotus und Bananen –, und heute findet man auch Magnolien, Hornsträucher, Myrten und Baumfarne.

Hohe Hecken aus Kamelien und Lorbeerbäumen sowie Steineichen *(Quercus ilex)* schützen die Insel vor dem Wind. Keinen Schutz gibt es dagegen vor den brasilianischen Papageien, die im Frühling die jungen Triebe fressen. Mit ihrem hellgrünen Gefieder bringen sie eine tropische Note in diesen Inselhimmel, den die weißen Pfauen schon vor 150 Jahren berühmt machten. Die Vögel nisten hoch oben in den Zedern und sind die Lieblinge der derzeitigen Principessa Borromeo, die jedes Jahr mit ihren Freundinnen einen Monat auf der Insel verbringt.

Im Palazzo wohnt heute niemand mehr. Einst war die Insel das Ziel von Pilgerreisen und ein beliebter Treffpunkt für Premierminister, Präsidenten und Mitglieder europäischer Königshäuser (darunter die Königinnen Karoline und Viktoria). Dank ihrer isolierten Lage eignete sie sich außerdem als Quarantäneinsel bei Pestepidemien und als Ort der Verbannung für »mißratene« Mitglieder der Borromei.

LINKS *Eine mit Glyzinien und Jasmin* (Jasminum mesnyi) *geschmückte Laube.*

GEGENÜBER, VON OBEN LINKS IM UHRZEIGERSINN *Azaleenbüsche bilden eine schillernde Kulisse für die weißen Pfauen;* Davidia involucrata; *Kamelien; Magnolien; Goldregen; ein seltener Schneeglöckchenbaum* (Halesia diptera).

Der allgegenwärtige Chronist John Evelyn segelte 1646 an der Isola Madre entlang. Als erster von vielen Reisenden erwähnte er die *mit Orangen- und Zitronenbäumen gesäumten Gehwege, deren Spiegelungen im Wasser die Insel in ein warmes Licht tauchen*, sowie den Blick auf die schneebedeckten Alpen, die mit Kiefern und Baumfarn bewachsen sind. Der überaus sensible Henry James, der die italienischen Seen intensiv erlebte, betrachtete sich *als romantischer Held, dessen Hauptziel es war, in einem schmucken Boot ewig von einer prächtigen, seeumspülten Villatreppe zur nächsten zu fahren*. Ein Ausflug im August 1869 blieb ihm in Erinnerung: *... als der Nachmittag langsam zu Ende ging, nahm [ich] ein kleines Boot an der Treppe, streckte mich unter dem Sonnensegel aus und ließ mich zu diesen köstlichen, alten Borromäischen Inseln rudern – zur Isola Madre und zur Isola Bella ... Sie sind eine idyllische Mischung aus ordinärem Humbug und echter Schönheit – eine Art tropischer, halb prächtiger, halb verkommener Little Trianon & Hampton Court.*

OBEN *Palast und Terrassen auf der Isola Madre, wie sie Mitte des 18. Jahrhunderts der Maler Antonio Jolli sah.*

RECHTS *Blick auf den Lago Maggiore von den untersten Terrassen aus. Edith Wharton meinte, die Seelandschaft habe »eine heute noch wirkende, anspruchsvolle Hand entworfen, die davon besessen war, alles Grobe und Rauhe zu beseitigen und alles Natürliche, vom nackten Berggipfel bis zur sanften Biegung des Ufers, zu einer Harmonie aus ewig wechselnden und schönen Linien zu verschmelzen«.*

Isola Bella

Für den Architekten Angelo Crivelli war die Isola Bella eine große Galeone des 16. Jahrhunderts, die als Handelsschiff die Meere umsegelte, um in der Neuen Welt Gold zu finden. Vom »Achterdeck« aus – der Spitze des Wassertheaters – blickt man aufs »Hauptdeck« (links). Grüner Buchsbaum, weißer Hornstrauch und hellblaues Vergißmeinnicht verzieren den porösen Stein. Der weite grüne Rasen wurde als Freilichttheater genutzt. Zwischen zwei Obelisken steht eine Statue des Jupiter, des Himmels- und Wettergottes, der einen Blitz in der Hand hält, mit dem er herannahende Feinde vernichtete (oben).

Für den, der Gärten studiert, gibt es nichts Bedeutenderes in der Lombardei als die Isola Bella, schwärmte Edith Wharton am Ende ihrer ausführlichen Beschreibung der Insel. Im Gegensatz zu den Gärten, die der Manie des englischen Stils zum Opfer fielen, blieb die Isola Bella fest im 17. Jahrhundert verankert. Da die Anlage als architektonische Einheit entworfen wurde, wären Veränderungen problematisch gewesen. Die Isola Bella ist nicht so sehr ein Garten, sondern eher ein Denkmal, in dem ein Garten gewachsen ist.

Als die Borromei sich überlegten, was sie mit der Insel anfangen sollten, hatte die Sinnlichkeit über die Vernunft gesiegt, und die Phantasie öffnete sich prächtigen und dramatischen Effekten. Die Isola Bella ist ein extravagantes Schaustück des Barock und könnte die reale Traumlandschaft der Poeten Ariosto und Tasso sein. Der Gedanke, aus der ganzen Insel einen Garten zu machen, ging möglicherweise auf den sehr populären Roman HYPNEROTOMACHIA POLIPHILI von Francesco Colonna zurück, der 1499 veröffentlicht wurde. Darin wird die Insel Kythera als ein einziger Garten geschildert. Graf Carlo Borromeo III., der Neffe von San Carlo, beauftragte den Architekten Angelo Crivelli, die Pläne für den Garten zu zeichnen. Die Arbeiten begannen 1632 und dauerten fast vierzig Jahre an, bis man den Eindruck hatte, die Insel gleiche eher einem Schiff mit verschiedenen Decks als einem begrünten Berg. Der »Bug« des Schiffes, den der Palazzo am schmalen Ende der Insel bildet, zeigte nach Norden zu den Alpen. Am Südende lag das »Heck« mit seinem zehn Terrassen hohen »Achterdeck«, das wie eine abgestumpfte Pyramide zur »Brücke«, zur obersten Terrasse, emporragte. Die von Brüstungen gesäumten Terrassen wurden abwechselnd mit Gras und Arabesken versehen, die man nie so hoch wachsen ließ, daß sie das Design hätten verfälschen können. Der flache Bereich zwischen »Bug« und »Heck« – der »Rumpf« des Schiffes – enthielt ein langes Parterre, das eben-

Die Statuen auf der Brüstung des »Oberdecks« bilden die Mannschaft oder die Passagiere, die vorbeisegelnde Schiffe grüßen (links). Vom See aus erkennt man das Terrassen-»Heck« besonders gut (rechts oben). Das Wasser für das Theater wurde durch den Eckturm aus dem See gepumpt. Das »Achterdeck« war der jardin d'amour, *den Jahreszeiten und der Flora gewidmet (Mitte rechts). Dieses untere »Deck« (rechts unten), mit Gras und niedrigen* broderies *bewachsen, zeigt, wie flach diese Terrassen ursprünglich waren, bevor sie neu bepflanzt wurden.*

falls mit niedrigen Zierpflanzen geschmückt war. Das große barocke Wassertheater vervollständigte das nautische Thema gleichsam. Es wurde in drei Ebenen an das »Achterdeck« gebaut, und in den Nischen standen große Muschelschalen und Statuen.
Ursprünglich beabsichtigte man, dem Schiff ein »Bugschlößchen« – eine Kuppel auf dem Palazzo – zu geben; aber es wurde nie realisiert. Der Umstand, daß nicht alle Pläne ausgeführt wurden, könnte erklären, warum Edith Wharton meinte, Palast und Garten seien *ohne Rücksicht aufeinander* entworfen worden. Doch auf der obersten Terrasse, vierzig Meter über dem See, hat man durchaus den Eindruck, Kapitän eines Segelschiffes zu sein. Von hier aus sieht man, wie geschickt Crivelli seinen Plan abwandelte, um die Tatsache zu verbergen, daß die Form der Insel keine gerade Achse zwischen Palast und Garten zuließ. Dort, wo die Achse einen Winkel bildet, baute er einen Hof mit einer Diana-Statue, die er mit einem kleinen *bosco* umgab. Der arglose Besucher, der diesen raffinierten Hof betritt, verliert die Orientierung und verläßt ihn im Glauben, er folge immer noch einer geraden Linie.
1670, ein Jahr bevor der Garten fertiggestellt wurde, gab es eine prächtige Einweihungsfeier mit Schaukämpfen zwischen rivalisierenden Schiffen, Chören, die sich hinter dem Gebüsch verbargen, sowie Sängern in Booten. Fünfzehn Jahre später besuchte Gilbert Burnet, der spätere Bischof von Salisbury, den Garten und schrieb den ersten ausführlichen Bericht darüber. Sein gefühlsbetonter Stil und sein verschwenderischer Umgang mit Kommas amüsierten Edith Wharton. Sie zitierte ihn ausgiebig und nannte ihn den *atemlosen Bischof*. Er war entzückt von den *edlen Wegen und Treppen*, dem *köstlichen Duft und der schönen Aussicht. Es gibt wohl auf der ganzen Welt nichts Vergleichbares*, schloß er seine Abhandlung. Daraufhin wurde die Insel bald zu einem der Hauptreiseziele, und alle, die über literarischen Rang und Namen verfügten, schilderten ihre Eindrücke. Doch niemand hat je die schwärmerischen Worte von Bischof Burnet übertroffen.
Ein übellauniger Charles de Brosses wurde 1739 von einem Wind, der so widersprüchlich wie sein Charakter war, auf die Insel geweht und gab seine nordischen Kommentare ab, wobei er Lob und Tadel gleichmäßig verteilte. Die Brunnen, meinte er verächtlich, seien ausgetrocknet. Die beiden sechseckigen Gartenpavillons, die Edith Wharton später so schön fand, verdarben seiner

OBEN *Peter Birmanns* ISOLA BELLA IM LAGO MAGGIORE *entstand 1805 und zeigt die Nordseite der Insel. Die Umgestaltung der Insel war ein so gewaltiges Projekt, daß weder Graf Borromeo, der Auftraggeber, noch Crivelli, der Architekt, seine Vollendung erlebten. Da die Insel auf einem Lehmbett liegt, mußte man sie stabilisieren. Gewölbe und Stützpfeiler wurden durch das Bett des Sees getrieben und dienten als Fundament. Erde, Granit, Tuff und Quaderstein brachte man mit Booten vom Festland herüber. Als die Arbeiten beendet waren, rief die Insel große Bewunderung hervor, und ihr Name »Isola Isabella« (nach der Frau Carlos III.) wurde bald zu »Isola Bella«.*

GEGENÜBER *Rauhputz aus hellem und dunklem Stein betont die Linienführung des Wassertheaters und bildet einen vorzüglichen Hintergrund für die Statuen. Allegorien der Triumphe der Borromei und das Einhorn auf dem First verweisen auf die Familiengeschichte. Wie Geister schweben Pfauen über den Rasen, wo man einst Schauspiele aufführte.*

Ansicht nach das ganze Bild. Aber er entdeckte auch zauberhafte Winkel im Garten – Haine mit Granatapfel- und Orangenbäumen, Gänge in Grotten und vor allem Lauben aus Zitronenbäumen.
1844 beklagte auch Ruskin den Zustand der Gärten: *Isola Bella verfällt rasch. Der Anblick stimmt mich traurig. Alles ist grün, feucht, beschädigt, mit Unkraut und welkem Laub bedeckt, und doch sind Blumen und Blätter unvergleichlich schön und für mich eindrucksvoller denn je.*
Manchen Autoren war der Garten zu manieriert. Byron fand ihn *schön, aber zu künstlich*. Rousseau war versucht, seinen Roman JULIE ODER DIE NEUE HELOISE auf der Insel anzusiedeln; doch auch er befand, sie sei zu artifiziell für ein natürliches Geschöpf wie seine Julie. Selbst für BAEDEKER war sie *von zweifelhaftem Reiz*. Sir George Sitwell verstand dagegen, daß man die Insel so nehmen

mußte, wie sie war. Edith Wharton, die in mancher Hinsicht eine Puristin war, verteidigte den Garten, den sie für so *unwirklich* wie die Landschaft hielt. Jede Gartengestaltung – der *gezwungene Naturalismus von Repton oder Capability Brown* ebenso wie die *unverhüllte List des italienischen Gartenbaus* – sei künstlich. *Beide Stile sind Stile*, argumentierte sie, und darum solle man den Garten nach seinen eigenen ästhetischen Vorzügen beurteilen.

Heute weicht die Bepflanzung des Gartens vom ursprünglichen Entwurf stark ab. Zunächst waren die einzigen Bäume auf der Insel jene, die den »Achsbruch« verschleiern sollten. 1882 berichtete der Baedeker dagegen von *Zedern, Magnolien, Zypressen, Orangen- und Lorbeerbäumen, Oleander und anderen üppigen Gewächsen des Südens*. Edith Wharton fügte noch *Rosen, Kamelien, Jasmin, Myrten und Granatäpfel* hinzu. Die heute dort wachsenden großen, mit Canna und Bananenstauden bepflanzten Parterres würden eher in Rousseaus Dschungel passen als in ein barockes Wassertheater, und der Besucher wünscht sich die Schönheit der ursprünglichen Anlage zurück, die »polierten Decks«, die heute nur mehr elegante weiße Pfauen bevölkern.

Die Insel liegt heute friedlich im See und läßt die grimmige *tramontana*, den Nordwind aus den Alpen, ebenso über sich ergehen wie die unterschiedlichen Meinungen der Experten. Sir Geoffrey Jellicoe beispielsweise tadelte und lobte sie in den höchsten Tönen. Als er und Jock Shepherd Material für ihre grundlegende Studie über italienische Gärten (1925) sammelten, befanden sie die Isola Bella für *zu dekadent*, um sie zu berücksichtigen. Sie warfen dem Architekten vor, *aus einer einst schönen Insel einen der vulgärsten Plätze, die es gibt* gemacht zu haben. Später änderte er seine Meinung und nannte die Insel *die vielleicht romantischste Torheit der klassischen Welt*.

LINKS *Eine beinahe tropische Vegetation hat die ursprüngliche Anlage überwuchert. »Im ausgeglichenen Seeklima«, schrieb Edith Wharton, »... hat sich die Vorliebe für Gartenbau offenbar früh entwickelt, und der Landschaftsarchitekt war daran gewöhnt, seine Bauten mit leuchtenden Farben aufzulockern, anstatt sich auf ein einheitliches Grün zu beschränken.«*

RECHTS *»Das Südende der Insel markiert ein schöner, sechseckiger Gartenpavillon, verziert mit Rustika und einer Brüstung, die von Statuen bekrönt wird«, schrieb Edith Wharton.*

Villa D'Este

Als wolle sie sich mit der Pracht der steilen Berge messen, die den Comer See wie eine Krone säumen, gleicht die Villa d'Este in Cernobbio am Südende des Sees von Anfang an einem Palast, auch wenn sie heute ein Luxushotel birgt.

Nonnen und Jesuiten, Kirchenfürsten und Prinzessinnen des Königreichs haben hier gebetet und gespielt. Vermögen wurden im Spiel um den Besitz der Villa verloren. Eine englische Königin, eine russische Zarin, ein Graf und ein Marquis sowie deren Liebhaber, Gäste und Bedienstete schwelgten in Phantasien über Haus und Gärten der Villa d'Este und drückten ihr den Stempel ihrer Selbstgefälligkeit auf. Heute hat sie zahlende Gäste, wird aber der modischen Eitelkeit unserer Zeit immer noch gerecht. Durch den Renaissancegarten wurde ein Joggingpfad angelegt, ein Hallenbad und ein Fitneßcenter befinden sich in der alten *limonaia*, und den *giardino segreto* hat die Küche vereinnahmt.

»Im Garten der Villa d'Este findet man viel vom römischen Geist – die großzügige Anlage und das feine Gespür für die umgebende Landschaft, das für die großartigen Gärten der Campagna typisch ist«, schrieb Edith Wharton. Diese Harmonie zeigen der Blick vom bosco *aus (ganz links) und der faszinierende »Korridor« aus Magnolien und Zypressen (links). Vom* mosaico *aus sieht man die Front der Villa (oben).*

Die Villa d'Este liegt an der Sonnenseite des Comer Sees gegenüber der schattigen Villa Pliniana. Als Edith Wharton sie besuchte, beherbergte sie schon seit dreißig Jahren ein Hotel und war seit langer Zeit einer der Höhepunkte der Seerundfahrt. *Am Ufer des Comer Sees, wo der Boden abrupt ansteigt*, erläuterte sie, *war es schwierig, landschaftliche Wirkungen zu erzielen ... Hinter der Villa d'Este dagegen sind die Berge genügend weit entfernt, um eine sanfte Anhöhe zu bilden.* Auf dieser Anhöhe befindet sich die mittlere Achse des Gartens, den man neben der Villa anlegte, so daß der freie Ausblick auf den See erhalten blieb. Der Garten liegt etwas vom Ufer entfernt und besteht aus einem großen Parterre, das in vier Quadrate unterteilt ist. Eine Treppe führt vom Parterre zu einem ovalen Fischteich, den Pavillons mit Rauhputz- und Stuckwänden flankieren. Vom Fischteich aus windet sich ein steiler *tapis vert*, an beiden Seiten von Kaskaden gesäumt, hinauf zu einer Herkulesstatue, die 91 Meter über dem See in einer Rotunde steht.

Die Kaskade ist heute der einzige Überrest des ursprünglichen Gartens. Die Villa wurde 1568 von Tolomeo Gallio erbaut, dem Kardinal von Como und Sohn eines reichen Seidenhändlers. Como war einst das Zentrum der Seidenspinnerei gewesen, nachdem die Herzöge von Mailand den Maulbeerbaum in die lombardische Ebene gebracht hatten. Mit den Gewinnen wurden viele prächtige Villen errichtet. Die Gestaltung des Gartens übernahm der Maler, Bildhauer und Baumeister Pellegrino Tibaldi, ein Schüler Michelangelos und der prominenteste und produktivste Architekt Mailands.

Die Baumeister, die damals in Rom arbeiteten, demonstrierten ihre Hingabe an das Imperium Romanum vor allem mit den Gärten, die sie anlegten. Tibaldi machte sich die Tatsache weidlich zunutze, daß Plinius beinahe an seiner Türschwelle geboren worden war, und baute eine Kaskade aus Formen, die römischen Ruhebetten glichen. Ans Ufer pflanzte er eine Gruppe Platanen, die Plinius einst so bewundert hatte, und den Lieblingsefeu des Römers verwendete er als Girlanden und als Dekoration für die Steinmetzarbeiten.

Die nächste Phase der Gartenarchitektur begann, als der reiche Mailänder Marquis Calderara die Villa 1794 erbte. Er heiratete eine viel jüngere Frau, eine Ballerina der Mailänder Scala, die

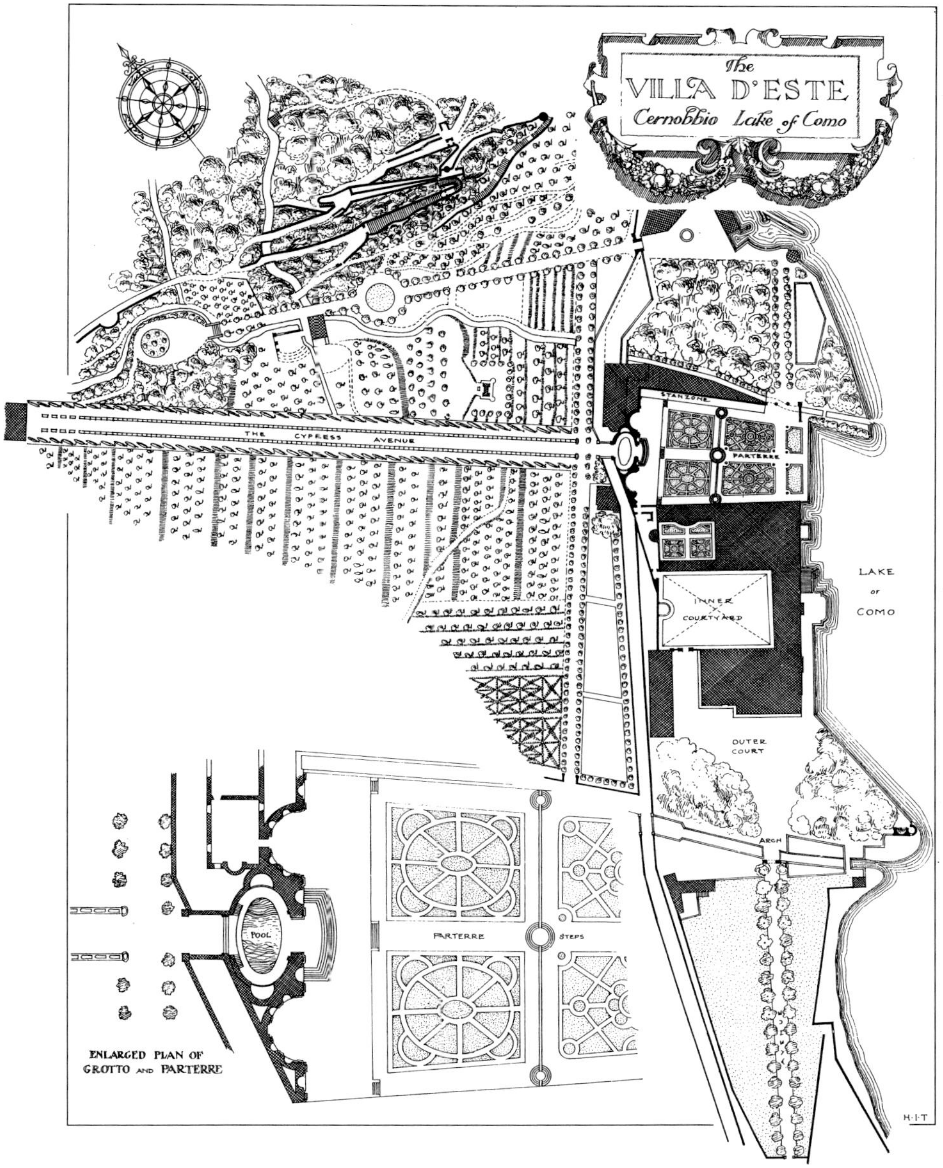

OBEN *Inigo Triggs Plan der Villa d'Este von 1906 enthüllt einen* giardino segreto *im Herzen der Villa und am Ufer eine Gruppe von Platanen, die Plinius einst so liebte.*

GEGENÜBER *Blick vom* mosaico *hinauf zur Herkulesstatue am oberen Ende des Korridors (oben). Das moderne Mosaikdekor ist ein Werk des einheimischen Bildhauers Francesco Somaini (unten).*

man »La Pelusina« nannte. Das Ehepaar ließ die Zypressenallee pflanzen und baute den *mosaico*, eine Grotte, die als Minervatempel diente, und einen klassizistischen Tempel mit einer Herkulesstatue. Nach dem Tode ihres Mannes heiratete La Pelusina Graf Pino, einen General Napoleons. Als er vom Spanienfeldzug zurückkehrte, ließ sie oben am Berghang Pseudozinnen errichten, die jenen ähnelten, um die sie auf der Bühne der Scala getanzt war. Vielleicht hatte der Efeumantel sie in jene *Sommerhäuser* verwandelt, die zusammen mit der *romantischen, efeubewachsenen Brücke* jenen *waldigen* Effekt hervorriefen, der Edith Wharton so gut gefiel.

Seit dem frühen 19. Jahrhundert verbindet man die Villa d'Este mit der rastlosen Prinzessin Karoline von Braunschweig. Während des Exils, das sie sich selbst auferlegte, besuchte sie die Marquesa Pino in der Villa Garrovo, wie man sie damals nannte. Obwohl Karoline vor dem finanziellen Ruin stand, wollte sie die Villa unbedingt besitzen. Sie überredete die Marquesa und ihren Mann, das Anwesen zu verkaufen, und als sie eingezogen war, erklärte sie: *Mein Palast ist superbe.* Sie gab ihm den Namen »Villa d'Este« nach Guelfo d'Este, einem ihrer Vorfahren. Guelfo hatte sowohl das Haus Braunschweig als auch das Haus Hannover – die Familie Georgs IV. – gegründet, ehe er Deutschland 1504 verließ und sich wie der legendäre Ariosto dem Hof des Kardinals Ippolito I. d'Este von Ferrara anschloß. Karoline würdigte ihre Verbindung zu Ariosto, indem sie sogleich die Statue des Herkules durch die des Dichters ersetzen ließ. Obwohl Karoline die Villa nur von 1815 bis 1820 bewohnte, war sie für den See von großem Nutzen. Sie ließ eine Straße bauen, die Cernobbio mit Moltrasio verbindet – die erste Uferstraße, die heute »Via Regina« heißt.

In der Villa d'Este lebten offenbar die Musen der Dramatik. Als Napoleon 1814 besiegt worden war, fuhr Graf Pino fort, mit seinen Soldaten an den falschen Zinnen zu üben und auf dem See Manöver zu veranstalten. Prinzessin Karoline baute ein Theater, in dem sie italienische Opern aufführte, und gab rauschende *fêtes champêtres*, auf denen sie in Kostümen aufzutreten pflegte. Doch das war nichts im Vergleich zu den Intrigen, die Georg IV. durch seine Agenten in Italien anzettelte. Diese hatten die Aufgabe, Karoline und ihren Liebhaber Bartolomeo Bergami *in flagranti* zu ertappen, damit der König sich von ihr scheiden lassen konnte. Spione verbargen sich hinter Büschen und krochen im Garten herum, Duelle wurden ausgetragen, und die Atmosphäre war bald so angespannt, daß Karoline auf der Isola Madre Zuflucht suchte. 1820 kehrte sie schließlich nach England zurück, wo man ihr wegen Ehebruchs den Prozeß machte. Ihre Baumeister, Gärtner und Ruderer wurden als Zeugen nach London gebracht. Sie wurde zwar freigesprochen, starb jedoch kurz darauf.

Eine der letzten Bewohnerinnen der Villa, die russische Zarin Maria Feodorowna, die Gemahlin von Alexander II., mietete das Anwesen 1868 und bewohnte es zwei Jahre lang. Manchmal öffnete sie die Gärten für das Volk, und an jenen Tagen ließ sie sich, in Zobel und Kaschmir gehüllt, auf den See hinausrudern, während die Gäste mit einem Marionettenspiel unterhalten wurden.

RECHTS *Der Herkulestempel am Ende des Korridors wurde Anfang des 18. Jahrhunderts erbaut. Die Fassade ist restauriert, doch die Stalaktiten am Bogen sind im Originalzustand. Prinzessin Karoline ersetzte die Statue des Herkules durch die des Ariosto, um ihre Verbindung mit den Este zu würdigen, nach denen sie die Villa benannte. Während der Wiedervereinigung Italiens war die Villa das Hauptquartier der antiösterreichischen Aktivisten, und um nicht auf ihren Patriotismus aufmerksam zu machen, entfernten sie Ariosto und stellten statt dessen einen Herkules auf, der den sterbenden Lichas über der Schulter trägt.*

GANZ RECHTS *Einer dieser »waldigen Tempel«, der Göttin Minerva geweiht (oben). Der Sturzbach (Mitte) trennte einst die Villa vom Land, so daß man sie nur vom See aus erreichen konnte, bis Karoline die Uferstraße errichten ließ. Glyzinien säumen den Zypressen- und Magnolienkorridor (unten).*

Villa Carlotta

OBEN *Vorder- und Rückansicht der Villa, gezeichnet von Marcantonio Dal Re. Aus* LE VILLE DE DELIZIA *(1763).*

LINKS *Edith Wharton bewunderte die gußeisernen Tore. Das geschwungene »C« steht für »Clerici«, den ersten Eigentümer der Villa. Die Statue stellt eine der vier Jahreszeiten dar.*

Ein Stück entfernt von der exklusiven Villa d'Este, zwischen Tremezzo und Cadenabbia, liegt die Villa Carlotta. Die herrliche Landschaft, die pflanzliche Vielfalt und die Skulpturensammlung versetzen die zahllosen Besucher in wahres Entzücken.

Die Villa Carlotta liegt in der Nähe der Villa Comedia an der angenehm warmen Bucht Tremezzina. Dorthin strömten, wie Stendhal berichtete, alle fröstelnden Mailänder bei kaltem Wetter, weil dort *der Winter unbekannt ist.*

Edith Wharton warf einen Blick auf den Garten und würdigte ihn nur mit zwei kurzen Sätzen. Wieder einmal beklagte sie die alten Gärten, die der *Furie des modernen Gartenbaus* geopfert worden waren. Es stimmt zwar, daß nur die *schönen Tore und die Bauweise der Terrassen von der einstigen Schönheit des Anwesens zeugen*; aber Edith Wharton hätte noch manches andere entdecken können. Man fragt sich, ob sie sich über die Terrassen hinauswagte – denn warum sonst versäumte sie es, das Sehenswerte zu erwähnen? Wäre sie durch eine große, einladende Öffnung am Azaleenpfad geschlüpft, hätte sie sich im abgeschiedenen, halbdunklen *bosco* aus *Rhododendron arboreum* befunden, wo einzelne Sonnenstrahlen auf die knorrigen Wurzeln, die graue Rinde und die moosigen Winkel eines Waldbodens fallen, der mit rosa Blütenblättern bedeckt ist.

Die abgeschiedenen Wege des Gartens sind im Spätfrühling mit Licht und Schatten gesprenkelt. Der Kamelienpfad befindet sich auf der zweiten Terrasse (links oben). Baumfarne werden in einer kühlen Lichtung in Töpfen gezogen (links Mitte). Sobald der Herbstregen beginnt, entfernt man den Farn und stellt ihn ins Gewächshaus, um ihn vor den Sturzbächen zu schützen, die sich am Abhang in die Tiefe ergießen. Gleich neben dem Azaleenweg befindet sich ein zauberhafter giardino segreto, der mit Blütenblättern des Rhododendron arboreum *bedeckt ist (links unten und rechts).*

Die Villa Carlotta verfügt über einen Garten, der zum Betrachten wie zum Meditieren einlädt, und selbstverständlich wurde seine Lage so gewählt, daß er eine schöne Aussicht bietet. Wäre Edith Wharton zur Villa hinaufgeklettert, hätte sie auf der obersten Terrasse ein großartiges Panorama bewundern können, und von einer unteren Terrasse wäre der Duft von Zitronenbäumen zu ihr aufgestiegen. Das alles hätte die Magie der alten Gärten machtvoll wachgerufen, die nur sie spüren konnte. Doch sie erwähnte nichts davon. Die Villa Carlotta war einer der letzten Gärten ihrer anstrengenden, vier Monate dauernden Rundreise. Ihr Mann war krank, und sie mußte ihr Schiff erreichen – vielleicht hatte sie nur Zeit, die Villa von der Straße aus zu betrachten.

Heute ist die Aussicht noch genau die gleiche. Es kommt selten vor, daß eine Landschaft sich seit der Planung eines Gartens nicht verändert hat. Das Pampagras und die unschönen, in den Rasen geschnittenen Rechtecke, in denen jene Palmen, Bananenstauden und Zinerarien wachsen, die Edith Wharton so verabscheute, sind immerhin nur ein kosmetischer Makel. Gartenkunst, die in den Parterres aus Arabesken, in Laubengängen und Marmorterrassen bestand, läßt sich wiederherstellen, eine ganze Landschaft jedoch nicht.

Man nimmt an, daß die Villa um 1745 von einem unbekannten Architekten für den exzentrischen Marchese Giorgio Clerici gebaut wurde. Die oberste Terrasse, auf der die Villa steht, und

die unterste Terrasse an der Straße gefällt den Gästen besonders gut; sie sind mit kunstvollen, geschwungenen »C«-Mustern aus niedriger Buchsbaum-*broderie* verziert. Die nonchalante Eleganz der broderie neben der Villa wurde später durch Florentiner Zypressen ersetzt; sie mußten ihrerseits dicht gepflanzten Bäumen und Sträuchern weichen, die schon ausgewachsen waren, als Edith Wharton dort weilte. Wenn man heute die Terrasse betrachtet, kann man sich kaum vorstellen, wie flach und geräumig sie ursprünglich war. Der größte Teil der *broderie* auf der untersten Terrasse wurde mit der Zeit durch Myrtenhecken ersetzt, die 1874 bereits sechs Meter hoch waren, wie Murrays Reiseführer berichtet. In den folgenden Jahren wich die Myrte einem Lorbeerdickicht, das sich besser dafür eignete, den Lärm und Gestank des Verkehrs zu dämpfen, der am Ufer entlang dröhnt.

GANZ LINKS *Die Zitronenlaube auf einer mittleren Terrasse.*

LINKS *Geoffrey Jellicoe fand Gefallen an der Landschaft, aber nicht so sehr am »flachen Wasser, das sehr eintönig aussieht. Die Gärten wurden angelegt, um diesen Geist des Wassers, seine Einfachheit und Horizontalität, einzufangen und in ihren Linien widerzuspiegeln. Die ununterbrochene Reihe der Terrassen zwischen dem Ufer und der Villa Carlotta gleicht eher dem See als dem Land.«*

OBEN *Auf der untersten Terrasse befindet sich der Amorbrunnen mit einem Delphin.*

Nach Clericis Tod erbte seine Tochter Claudia die Villa. Sie heiratete 1795 Graf Giovanni Battista Sommariva, einen ehrgeizigen Mann, der sich aus bescheidenen Verhältnissen zu einem prominenten Anwalt, Finanzier und Politiker hochgearbeitet hatte. Auf der anderen Seite des Sees ließ sein Rivale Francesco Melzi zwischen 1808 und 1810 die luxuriöse Villa Melzi erbauen.

Graf Sommariva, der kaum weniger eitel als die Kardinäle in Rom war, verschönte die Fassade seiner Villa mit Stuck und kaufte Wald und Weinberge, um das Anwesen zu vergrößern. Auf dem Dach errichtete er eine Brüstung und fügte eine Uhr im Empirestil hinzu. Seine Großtuerei gipfelte im Bau eines »Tempels der Freundschaft« am höchsten Punkt des Gartens. Er wählte ein Dach aus Metall, so daß das gleißende reflektierte Licht Melzis Aussicht verdarb.

Da jeder den anderen übertrumpfen wollte, pflanzten beide *Rhododendron indicum* und riesige Mammutbäume; sie gaben bei Antonio Canova Statuen in Auftrag und verwandelten ihre Häuser in Museen, die ganz Mailand sehen wollte. Während Melzi eine Statue von Dante und Beatrice bestellte, die später Liszt zu seiner Dantesonate inspirierte, erwarb Sommariva Bertel Thorwaldsens Fries Triumphaler Einzug Alexanders d. Gr. in Babylon, den Napoleon hatte anfertigen lassen, um den Simplonbogen vor Mailand zu schmücken, und der nach seiner Niederlage im Jahre

1814 unvollendet geblieben war. Sommariva ließ den Fries fertigstellen – mit seinem Porträt und dem des Künstlers.

Stendhal besuchte beide Villen des öfteren. In der Villa Melzi schrieb er Teile seiner REISE IN ITALIEN, und 1818 war er in der Casa Sommariva zu Gast, wie die Villa Carlotta damals hieß. In dieser Villa spielen auch die ersten Szenen seiner KARTAUSE VON PARMA, die 1839 erschien; die Villa Melzi pries er als *einen der zauberhaftesten Flecke der Gegend* – jedoch, als Sommariva und Melzi schon längst in den Mausoleen begraben lagen, die sie in ihren eigenen Gärten hatten erbauen lassen.

1840 kaufte Prinzessin Marianne, die Gemahlin Albrechts von Preußen, die Casa Sommariva. Heute ist der Tempel der Freundschaft mit seinem blendenden Metalldach verschwunden, und die Besucher sind von den Azaleen fasziniert, die Prinzessin Charlotte, die Tochter Mariannes, pflanzen ließ. Charlotte, nach der die Villa benannt ist, bekam das Anwesen 1857 als Hochzeitsgeschenk.

UNTEN LINKS *Der Garten im Winter. Die Villa Melzi ist nahe dem Dorf Bellagio auf der anderen Seite des Sees gerade noch sichtbar. Der mit Reben bedeckte Laubengang führt von der obersten Terrasse zur Zitronenlaube.*

UNTEN RECHTS *Im Mai ist der Garten am schönsten. Prinzessin Charlotte gab im Frühling ihre großen Gesellschaften. Die Gäste wurden in herzoglichen Barken mit grünen und weißen Streifen in die Mitte des Sees gerudert, um die Aussicht zu genießen.*

Villa Cicogna

VORIGE SEITEN *Von einem Schlafzimmerfenster aus blickt man in den tiefliegenden Garten mit seinen* peschiere *und auf den* bosco, *in dem die Viscontis vor einem halben Jahrhundert jagten (links oben). Eine Herkulesstatue steht in einer Nische des Gartens (links unten). Der Blick wandert über den Garten zu den Bergdörfern bei Varese. Ein Teil des Freskos, das einst die ganze Villa schmückte, ist knapp unterhalb des Dachvorsprungs, wo es vor der Sonne geschützt war, noch zu sehen (rechts).*

LINKS *Die Loggia bildet den Übergang zwischen dem Inneren der Villa und dem Garten. Fresken mit floralen Motiven, die an die Villa Farnesina in Rom erinnern, beziehen die Natur in die Architektur mit ein. Die Fresken sind das Werk der Brüder Campi aus Cremona. Sie blieben unter einer dicken Tünche erhalten, die man im 17. Jahrhundert während der Pestepidemie in der Lombardei auftrug und erst um 1800 entfernte.*

GEGENÜBER *Ein Plan des Gartens von 1813 zeigt, daß sich außer den Parterres nicht viel geändert hat.*

Die Villa, die Edith Wharton als *charmantes altes Haus* bezeichnete, stand einst allein an einem bewaldeten Abhang am Rande von Bisuschio, und ihre Außenmauern waren mit Fresken in lebhaften Farben geschmückt. Mit dem grünen Laub im Hintergrund dürfte sie der Traum eines Malers gewesen sein, selbst in einer Zeit, als bemalte Wände nichts Ungewöhnliches darstellten. Heute sind die Fresken verblaßt; dennoch enthält die Villa Cicogna, die unerschütterlich wie eine Auster ist, ihre Perlen.

Die Villa wurde Anfang des 15. Jahrhunderts als Jagdhütte errichtet – *in der lieblichen, aber wenig bekannten Hügellandschaft zwischen dem See von Varese und dem Südende von Lugano*, wie Edith Wharton schrieb. 1476 war Galeazzo Maria Sforza, der zügellose, tyrannische Herzog von Mailand, der mit seinem Gefolge von Höflingen, Kurtisanen, Narren, Affen, Papageien und Leoparden von einer Jagd zur anderen zog, bei Agostino Mozzoni, einem Gutsbesitzer, zu Gast. Auf einer Jagd wurde der Herzog von einem Bären angegriffen. Mozzonis Hund warf sich auf das Tier, so daß sein Herr den Bären erlegen konnte. Der Hund verlor sein Leben, und im selben Jahr starb der Herzog nach einem Attentat in der Kirche. Vor seinem Tod hatte er jedoch Vergünstigungen und Steuerbefreiung für die Mozzonis verfügt, die daraufhin im Laufe der Jahre reich wurden und ihre Jagdhütte durch eine äußerst reizvolle Renaissancevilla ersetzen konnten.

In der ersten Hälfte des 16. Jahrhunderts bauten die Brüder Francesco und Maino Mozzoni die heutige Villa, die Francescos Sohn Ascanio verschönerte. Um 1560 war sie, wie Edith Wharton schrieb, *ein Renaissancebauwerk von großer Schönheit, mit einem Anflug von toskanischer Schlichtheit. Die einfache Front mit einem tiefen, breiten Dachvorsprung und großen Fenstern könnte auf einem Dorfplatz über dem Arno stehen. Der zweigeschossige Arkadenhof erinnert in seiner Reinheit und Helligkeit an die Bauten Brunelleschis … Fresken mit zauberhaften Cinquecento-Malereien schmücken die Mauern des Hofes, und die gewölbte Decke der Loggia ist mit feinem Gitterwerk bemalt, ähnlich wie der Laubengang der Villa Giulia.*

Es ist kein Wunder, daß sich Edith Wharton an Gärten erinnert

fühlte, die sie kurz vorher besucht hatte; denn Ascanio Mozzoni hatte sich von den neuen Gärten der Medici in Florenz und von den päpstlichen Gärten in Rom inspirieren lassen. Er wählte aus, was ihm gefiel, und schuf damit, wenn auch in kleinerem Maßstab, dieses Juwel von einem Garten. Hier ist alles erhalten geblieben; nur die *zauberhafte Aussicht über die südliche Bucht des Luganer Sees* wird von hohen Bäumen versperrt.

Die Villa Cicogna lag abseits der Touristenpfade, die MURRAY und BAEDEKER empfahlen, und tauchte auch nicht in den Tagebüchern berühmter Reisender auf. Edith Wharton war offenbar die erste, die diese kaum bekannte Villa 1903 entdeckte. Bald danach besuchte Sir George Sitwell das Anwesen und erwähnte es in seiner langen Abhandlung ON THE MAKING OF GARDENS (1909), allerdings neben vielen anderen Gärten.

Die Villa Cicogna, schrieb Edith Wharton, *vermittelt immer noch eine lebendige Vorstellung davon, wie ein altes italienisches Landhaus ursprünglich ausgesehen hat.* Die Fresken im Inneren, die Renaissancemöbel und das Stuckornament sind so gut erhalten, daß man den Eindruck hat, die Mozzoni des 16. Jahrhunderts hätten ihre Zimmer eben erst verlassen. Die Villa hat davon profitiert, daß sie fünf Jahrhunderte lang derselben Familie gehörte, obwohl diese heute im Gästehaus nebenan lebt. Erst vor kurzem feierten sie darin eine Hochzeit.

Die *wahre Schönheit eines Gartens*, meinte Sitwell, *liegt in seiner Beziehung zum Individuum. Er sollte eine ›Kulisse für das Leben‹ sein, kein schillerndes Museumsstück*. Die heutigen Besucher spüren diese lebendige Gegenwart, und deshalb ist er wohl eines der beliebtesten Ziele der Gartenfreunde.

Vom piano nobile *der Villa hat man eine schöne Aussicht auf die scaletta d'acqua (links). Die Kaskade wurde ursprünglich von einem Reservoir gespeist, das sich im Wäldchen oben befindet. Der Wasserfall wird heute von einer elektrischen Pumpe angetrieben. Zum Gartentempel auf dem Gipfel führen 156 Stufen (rechts oben). Das Löwenbecken befindet sich unten an der Treppe (Mitte rechts). Ruhende Statuen flankieren die Kaskade (rechts unten).*

Gärten Venetiens

Als im 13. Jahrhundert der Frühling den Schnee auf den Alpen zum Schmelzen brachte und Wasser in den Nordosten Italiens strömte, gab es keine tiefen Seen, die es aufnehmen konnten, und darum floß es in Dutzende von Flüssen und Bächen, die immer wieder über die Ufer traten. Jahrhundertelang waren die Veneter damit beschäftigt, Dämme zu bauen, Flüsse umzuleiten, Ufer aufzuschütten und Sümpfe mit Kanälen zu entwässern. Die beiden größten Flüsse, die Etsch, die durch Verona fließt, und der Po, der für fruchtbare Ebenen sorgte, wurden in den Gärten der Region oft als Flußgötter dargestellt. *Die Paduaner dämmen die Brenta ein*, berichtete Dante in seinem INFERNO, *um ihre Städte und Schlösser zu schützen.* Die Brenta verband Venedig mit Padua, und die Bauarbeiten lösten so viele Streitereien aus, daß die Städte deswegen Krieg führten.

Die mächtige Republik Venedig, deren enormer Reichtum die Folge des Monopols war, das ihre Schiffe auf den Handelswegen besaßen, wurde im 12. Jahrhundert zu einem kulturellen Zentrum, und alle Gärten Venetiens profitierten von dem kosmopolitischen Flair der Stadt. Marco Polo, Dante und Petrarca wurden innerhalb weniger Jahrzehnte geboren und lebten einige Zeit in Venedig. Die Villa Pisani baute ein Doge; den botanischen Garten der Universität Padua stifteten venezianische Patrizier, und die Stadt ehrte sie mit dem Bau des Prato della Valle.

Napoleon ließ einen öffentlichen Garten anlegen, in dem es zahlreiche Tiere, aber kaum Menschen gab. George Sand schrieb: *Die Damen Venedigs fürchten die Hitze und denken gar nicht daran, tagsüber auszugehen; doch sie fürchten auch die Kälte und wagen sich nachts nicht aus dem Haus … Kultivierte Männer suchen mit Vorliebe jene Orte auf, wo Aussicht besteht, das schöne Geschlecht anzutreffen.* Trotz ihres Reichtums hatte die Inselstadt wenig Platz für private Gärten. *In jeder Jahreszeit*, schrieb W. D. Howells, der berühmte amerikanische Chronist Venedigs, über den Garten hinter dem Palazzo Giusti, *überragten ihn die hohen Palastmauern und umklammerten ihn wehmütig.* Der Abgeschiedenheit verdanken diese Gärten ihre große Wirkung. Der Duft der Früchte und des Jasmins im Garten des Palazzo Capello – Schauplatz von ASPERNS NACHLASS von Henry James und DAS FEUER von Gabriele d'Annunzio – waren besonders betörend, weil der Garten, *von einem Wassergürtel wie ein verbanntes Objekt umschlossen, gerade deshalb noch wirkungsvoller wird, wie die Seele im Exil.*

Die venezianischen Seelen, die in der Lagune eingeschlossen waren, wurden aus ihrem feuchten und engen Kerker befreit, als die reichen Familien im 16. und 17. Jahrhundert damit begannen, ihre Villen für die Sommerfrische zu bauen. Da sie an das Leben am Wasser gewöhnt waren, errichteten sie die Häuser entlang der Brenta, die man so oft eingedämmt und umgeleitet hatte, daß sie so zahm und leblos wie ein Mühlteich war. *Entlang der Brenta*, schrieb Edith Wharton, *stehen die Villen Seite an Seite. Sie machen überwiegend einen komfortablen Eindruck und lassen auf gute Nachbarschaft*

VORIGE SEITEN *Der Garten der Villa Cuzzano mit Blick auf die venezianische Landschaft.*
OBEN *Die Karte aus dem 18. Jahrhundert mit dem Bild eines Flußgottes zeigt die mit Flüssen durchzogene Provinz Venetien, darunter die Brenta.*
RECHTS *Ein Flußgott im Garten der Villa Barbarigo in Valsanzibio.*

Veduta del Palazzo de' N.N.H.H. Mocenighi. — J. F. Costa del. et inc.

Veduta della Volta fuori delle Porte della Mira. — J. F. Costa del. et incid.

Veduta verso il Taglio. — J. F. Costa inv. del. et incid.

Veduta del Palazzo del N.H. Corner — I. F. Costa del. et inc. con Privilegio

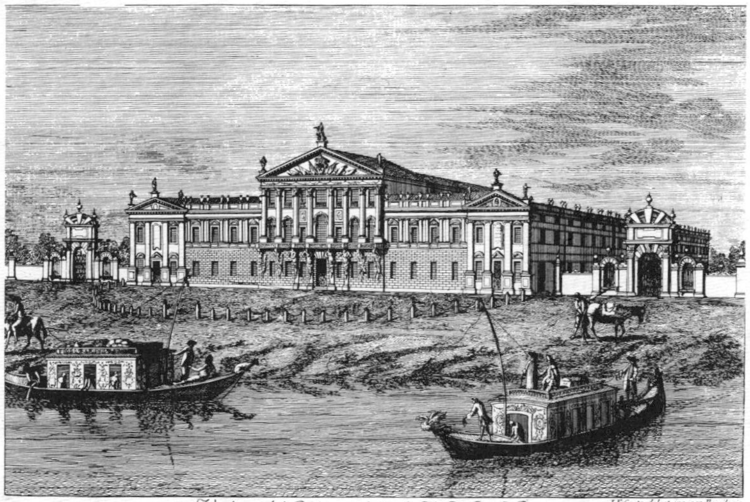

Veduta del Palazzo delli N.N.H.H. Pisani — I. F. Costa del. et inc. con Privilegio

Veduta delle Porte di Strà — I. F. Costa del. et inc. con Privilegio

und Geselligkeit schließen. Diese Villen wurden meist von ortsansässigen Architekten wie Palladio und Scamozzi entworfen, und venezianische Künstler wie G.B. Tiepolo schufen die Fresken. 1645 saß John Evelyn in einem Boot und bewunderte *beide Ufer, die vorzüglich mit Villen und abgeschiedenen Häusern für Edelleute bebaut sind. Die Venezianer besitzen Gärten mit Orangen, Feigen und anderen Früchten.* Was *erwähnenswerte Berühmtheiten* betrifft, so wohnten dort, wie Edith Wharton berichtete, *der Signor Procurante, den Candide auf seinen Reisen besuchte, der berühmte Procurante Pisani und Lord Byron, der 1819 die Guiccioli in seine Villa La Mira an der Brenta brachte.* Dabei handelte es sich, wie Byron uns mitteilte, um die düstere Villa Foscarina, die *mehr Raum als Pracht und davon nicht viel* besaß und *wie alle abseits des Meeres stehenden venezianischen Häuser der Straße zu nahe ist – sie denken anscheinend, sie könnten nie genug Staub abbekommen, um für ihr langes Untertauchen entschädigt zu werden.*

Nachdem Venedig sein Handelsmonopol verloren hatte, begann der wirtschaftliche Niedergang. *Die Brenta blieb bis Mitte des 19. Jahrhunderts eine beliebte* villeggiatura *für den venezianischen Adel.* Doch als Edith Wharton die Villen besuchte, *war keine Spur mehr von ihren Gärten zu sehen außer den Statuen an den Wänden.* Heute zerbröckelt die Bausubstanz, und die Gärten sind verkommene oder übermäßig restaurierte Nachbauten mit langweiligen Parterres.

Als Edith Wharton die Brenta besuchte, »standen die Häuser immer noch Seite an Seite« wie auf Gianfrancesco Costas Radierungen Le Delizie del Fiume Brenta, *1750 (links). So sehen die Villen an der Brenta heute aus (rechts).*

OBEN *Zwei Ansichten der Villa Pisani: Hermen an der »majestätischen Fassade«, wie Edith Wharton sie bezeichnete (links) und die Orangenlaube, »gebaut in dem ätherischen und romantischen Stil, dessen Geheimnis der italienische Architekt noch nicht vergessen hat« (rechts).*

GEGENÜBER *Vor dem botanischen Garten in Padua, nur wenige Minuten zu Fuß vom Prato della Valle: ein kleiner Kanal (links) und eine der Statuen, die die Brücken flankieren (rechts). Dort ist, wie Goethe berichtete, »ein ungeheures Oval … ringsum mit Statuen besetzt, alle berühmten Männer vorstellend, welche hier gelehrt und studiert haben …«*

Eher einem Palast in Versailles als einem Sommersitz, den man Edith Wharton zufolge *als gutes Beispiel für einen vornehmen venezianischen Garten betrachten kann*, gleicht *die großartige Villa zu Stra an der Brenta … welche die Architekten Prati und Frigimelica für Alvise Pisani, den Prokurator von Sankt Markus, bauten. Was Größe und Eleganz betrifft, so übertrifft sie jedes andere Haus an der Brenta bei weitem.* Die Villa wurde um 1735–40 errichtet und später von Napoleon erworben, der jedoch nur einmal darin übernachtete. Dieses Bauwerk war auch Vorbild

für die Villa des fiktiven Herzogs von Pianura, die Edith Wharton in ihrem Roman THE VALLEY OF DECISION so lebhaft beschrieb. Für sie war die Universitätsstadt Padua *eine der malerischsten Städte Oberitaliens; und wer nach Gärten sucht, wird an den schmalen Kanälen viele davon finden ... Fast könnte man den schönen Prato della Valle, den öffentlichen Park mit seinen Marmorbrücken, seinen vielen barocken Statuen, die die Größen der Stadt darstellen sowie seiner zentralen Rasenfläche mit Bäumen zu diesen Gärten zählen.*

Eine der Persönlichkeiten war Petrarca, dessen Idee vom Garten als Ort der Erbauung auf die Gartenkunst der Renaissance einen tiefgreifenden Einfluß hatte. Er schrieb seine letzten Sonette abgeschieden hoch oben auf den grünen, vulkanischen Hügeln im Dorf Arqua: *Zwischen den Euganeen, nicht mehr als fünfzehn Kilometer von Padua entfernt, habe ich mir ein kleines, aber hübsches Haus gebaut, umgeben von einem Olivenhain und einem Weinberg.* Auch Edith Wharton besuchte das Haus, das heute ebenso viele Besucher anlockt wie Dantes Grab in Ravenna.

Wenn er von seinem Berg nach Venedig blickte, sah er den unteren Teil der Euganeischen Hügel, umgeben von Sümpfen, die sich bis zur Stadt erstreckten. Drei Jahrhunderte später beuteten Gartenarchitekten die Landschaft aus, beispielsweise in Valsanzibio, nur wenige Kilometer entfernt, und ein paar Kilometer weiter in Cataio mit seinem *außergewöhnlichen* Schloß, das, wie Edith Wharton anmerkte, *für die Obizzi in Venedig um 1550 gebaut wurde ... Angeblich kopierte man die Pläne eines Tatarenschlosses, die Marco Polo mitgebracht hatte.*

Das Schloß von Cataio spiegelt sich im stillen Wasser (rechts). In einer »riesigen künstlichen Grotte lümmelt ein Stucksilen auf einem Elefanten und erinnert wie die anderen Figuren an die zoologischen Wunder der Grotte von Castello« (oben).

Gärten der Giusti

Wenn man auf einer eintönigen und staubigen Straße über die Brücke fährt, hält die Kutsche vor einem mit Stuck verzierten Haus mit bemalten Fassaden, die kaum besser sind als der Rest. Doch wenn die schweren Eingangstore sich öffnen, verzaubert ein herrlicher Anblick den Reisenden ... Was die reine Schaulust angeht, so kann sich in Italien nichts mit dem ersten Blick durch das Tor der Villa Giusti vergleichen.

Diese erhebende Einführung in die Gärten der Giusti schrieb Sir George Sitwell, den Edith Wharton ermuntert hatte, eine Rundreise durch Italien zu machen, die noch ausgedehnter war als ihre eigene. Da diese grüne Oase mitten in Verona zur großen Bildungsreise gehörte – die auch den Balkon einschloß, auf dem Shakespeares Julia angeblich stand, während Romeo ihr den Hof machte –, war sie, wie Edith Wharton bemerkte, *bei Touristen bekannter als jeder andere Garten in Norditalien.* Sie schätzte deren *Charme und das dunkle Gefilde der Zypressen*, obwohl sie

Steinmetzkunst und reiche Flora in den Gärten der Giusti, durch ein Tor betrachtet (ganz links). Der mascherone *über der Grotte sollte Besucher erschrecken, die durch das Laub nach oben blickten (links). Eine Statue neben einer »überaus zierlichen Zypresse« schmückt den Eingang zum Palazzo vom Garten aus (oben).*

ihrer Meinung nach für Bewunderer des italienischen Gartens unwichtig war, weil *von ihrer ursprünglichen Anlage nur noch wenig erhalten ist.* MURRAYS Reiseführer, der sonst mit schrulligen Details nicht geizte, erwähnte die Grünanlagen in seiner Ausgabe von 1866 nur flüchtig: *Die Gärten sind gut angelegt, und der Blick nach Verona ist sehr schön.*

Der Garten wurde schon im 15. Jahrhundert für Besucher geöffnet, lange bevor Agostino Giusti um 1570 seine gefeierten Renaissancegärten anlegte, von denen weder die Originalpläne noch das genaue Entstehungsdatum bekannt sind. Wie Dante floh die Familie Giusti vor dem Krieg zwischen den Guelfen und den Ghibellinen aus der Toskana und ließ sich Anfang des 15. Jahrhunderts in Verona nieder. Agostino Giusti war ein gebildeter Sammler römischer Kunstwerke sowie ein *cavaliere* der Republik Venedig. In Anerkennung seiner kunstvollen Gärten, deren Stil damals in Verona wohl unbekannt war, erhielt die Familie Anfang des 18. Jahrhunderts den Beinamen »del Giardino«.

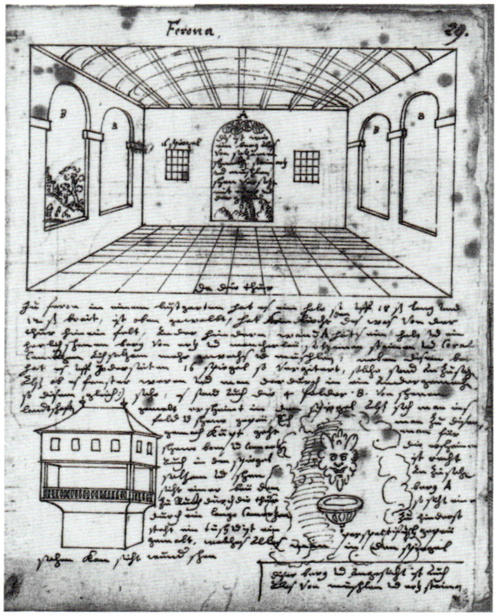

Einige der Zypressen waren 700 Jahre alt und wurden lange vor den Giusti gepflanzt. Im Laufe der Jahrhunderte wuchsen die Zypressen und mit ihnen die bewundernden Kommentare. Thomas Coryat erwähnte 1611 in CRUDITIES *zwei Reihen von hohen Zypressen, 33 Stück.* Fünfunddreißig Jahre später schrieb John Evelyn: *Am Eingang dieses Gartens wächst die stattlichste Zypresse, die ich mir in Europa vorstellen kann. Sie ist als Pyramide [Obelisk] geschnitten und ein sehr üppiger Baum, was Höhe und Breite betrifft. Sie ist von oben bis unten bedeckt und dicht bis zum Fuß.* Charles de Brosses fand die Bäume bei seinem Besuch im Jahre 1739 ebenfalls *außerordentlich hoch und spitz*, und als Goethe kam, ragten die Zypressen *pfriemenartig in die Luft*. Im 20. Jahrhundert behauptete Sir George Sitwell, sie seien *so hoch wie der Turm zu Verona und älter als die ältesten Paläste*. Die Zypressenallee, schrieb er, sei von *derart würdevoller und eindringlicher Schönheit, daß sie zum Orakel, zum Garten Platons, zum Grab Dantes, zur Höhle, in welcher die Venus der Antike schläft, geleiten könnte.*

Diese Allee führte an einem kleinen Labyrinth vorbei zu einer noch denkwürdigeren Grotte, gekrönt von einem grimmigen *mascherone*. Bei besonderen Anlässen, zum Beispiel während der Uraufführung von Tassos AMINTA im Jahre 1581, spuckte die Maske Flammenzungen. Die Grotte wurde in den Tuff gegraben und sollte alle Sinne betören. An den Wänden hingen Zerrspiegel, und der Zierat bestand aus Perlmutt, Korallen und Muscheln, die von Zypern nach Venedig gebracht worden waren. Nach Coryat wurde sie *von vorzüglichen Quellen gespeist mit süß schmeckendem Wasser*. Im Nordwesten des Gartens befand sich eine Grotte mit Stalaktiten und widerhallenden Gängen.

Anschließend stieg der Besucher auf einer Wendeltreppe einen Mauerturm hinauf. Anfangs war dies wahrscheinlich die einzige Möglichkeit, nach oben zu gelangen; denn die Gärten waren so angelegt, daß sie sich dem Blick allmählich öffneten, auf einem festgelegten Weg zu den Terrassen, die man in den Fels gehauen hatte und die einst so berühmt waren wie die Zypressen. Ein Belvedere unmittelbar über dem *mascherone* dient heute als Aussichtspunkt. Von dort aus genießt man einen herrlichen Blick auf Verona. Alle Reisenden fanden es jedoch aufregender, Mantua, Parma und die Alpen zu sehen, *wenngleich aus großer Entfernung*, als unmittelbar unter ihnen das prächtige Verona an der Etsch.

OBEN *Diese Zeichnung von Heinrich Schickhardt (1598) zeigt die Hauptgrotte mit Spiegeln zu beiden Seiten eines Brunnens und mit freskengeschmückten Wänden.*

RECHTS *Eine Zypressenallee führt zum* mascherone, *der Feuer speien konnte und im Schatten noch grimmiger aussah. Darunter befindet sich die Grotte.*

»Das dauerhaftere Material, die Steinmetzarbeiten, das immergrüne Laub, die Wirkung des fließenden oder ruhenden Wassers gehören zum Plan des Künstlers. Aber ... die dem Garten innewohnende Schönheit beruht auf der Anordnung seiner Teile – der langen, zusammenlaufenden Wege zwischen Steineichen; der sonnigen, freien Räume, die sich mit kühlem, schattigem Wald abwechseln; der Proportionen ... zwischen der Höhe einer Mauer und der Breite eines Weges.« So definierte Edith Wharton die Elemente des italienischen Gartens, der »als Ganzes zauberhaft aussieht«. Die Giusti-Gärten dienen dafür als Beispiel: mit ihrer geschickten Linienführung, zum Beispiel der Zypressenallee, die zum Palazzo führt (ganz links, oben), mit den Bäumen und Hecken (ganz links, Mitte) und mit ihren Statuen, die heidnische Götter darstellen (ganz links, unten). Die Zypressen, die hohen Fenster des Gebäudes und der Turm spiegeln die vertikalen Linien der Architektur Veronas wider (links).

RECHTS *Die Gärten sind so angelegt, daß sich ihre Muster vom Mauerturm aus erschließen.*

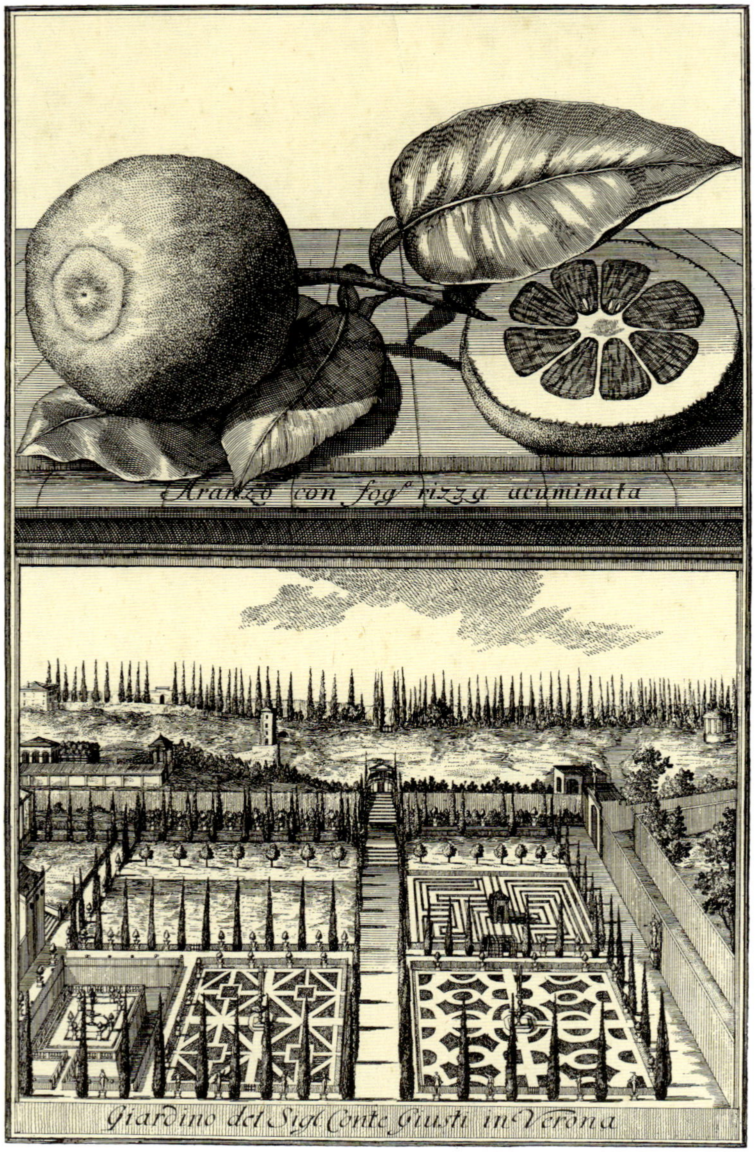

OBEN *J. C. Volkamer legte im Garten eine Sammlung von Zitrusbäumen an. Seine Zeichnung aus dem Jahre 1714 zeigt die Quadrate der Gartenanlage, die Trezza später entfernte.*

GEGENÜBER *Der Brunnen bringt Musik in die Gärten der Giusti, die den Musen und der Göttin Flora geweiht sind.*

Auch von den oberen Etagen der Villa aus hat man einen guten Blick auf den Garten, dessen Aussehen sich im Laufe der Jahrhunderte änderte. Anfang des 18. Jahrhunderts konnte der Besucher noch die verschiedenen Arten von Zitrusbäumen bewundern, die der deutsche Gärtner und Zeichner J. C. Volkamer angelegt hatte, aber auch die Terrassen, die *mit seltsamen Knoten und Früchten allerlei Art – Feigen, Orangen, Aprikosen – bepflanzt sind.* Thomas Coryat, dem wir diese Beschreibung verdanken, wurde von Agostino Giusti selbst durch die Gärten geführt. Er erwähnt auch die *wild wuchernden Zypressen*, die Sitwell und de Brosses später mit einer *Szene aus einem Hexensabbat* verglichen. Bis Anfang des 19. Jahrhunderts waren die quadratischen Parterres nach dem Muster der Renaissance bepflanzt, gesäumt von Zypressen. Später romantisierte der Architekt Luigi Trezza die Anlage und ersetzte die geometrischen Formen durch Hufeisen und Kreise im französischen Stil. Außerdem entfernte er viele Zypressen, so daß man die Statuen, die er in der Mitte jedes Quadrats aufstellte, vom Palazzo aus ungehindert bewundern konnte.

Goethe war einer der letzten Reisenden, die die Gärten in ihrem ursprünglichen Zustand sahen. Er nahm einige Kapernstrauch- und Zypressenäste mit, ging damit durch Verona und wunderte sich darüber, daß ihn alle anstarrten – er wußte nicht, daß in Italien nur Trauernde Zypressenäste trugen. Während des 19. Jahrhunderts wurden die Gärten grundlegend umgestaltet. Das Labyrinth wurde angelegt, und aus den oberen Terrassen machte man gewundene Wege. Um 1950 war das Original wieder gefragt. Obwohl die Grotten noch geschlossen sind, hat der derzeitige Giusti, Graf Niccolò, vor kurzem das ursprüngliche Labyrinth wiederherstellen lassen, das einst Charles de Brosses verwirrte: *Ich Einfaltspinsel war so töricht hineinzugehen und verbrachte eine Stunde in der prallen Sonne damit, zu schimpfen und zu fluchen, unfähig, den Ausweg zu finden, bis die Leute vom Haus kamen und mich befreiten.*

Die Gärten der Giusti sind ein ruhiger grüner Hafen im lärmenden Straßenverkehr. Das sanfte Rauschen der Brunnen und die Musik aus der nahegelegenen Gesangschule scheinen in den Kompositionen Mozarts und Faurés, zweier berühmter Besucher der Gärten, wiederzuerklingen.

Botanischer Garten in Padua

Der zweite berühmte Stadtgarten Venetiens, kaum jünger als die Gärten der Giusti, ist der radial angelegte Garten von Padua, der als ältester botanischer Garten Europas gilt. Er ist nur einen Steinwurf vom Prato della Valle entfernt und von den *schmalen Kanälen* Paduas umgeben. Zusammen mit der Basilika Sant' Antonio, bildet er einen atemberaubenden Hintergrund.

OBEN *Die Basilika Sant' Antonio, einst eine majestätische Kulisse, ist heute kaum noch zu sehen.*

GANZ LINKS *Eine Balustrade umgibt den* hortus cinctus.

LINKS *Vasen mit gußeisernen Palmlilien sind die Wahrzeichen des Gartens.*

Der botanische Garten in Padua wurde von dem venezianischen Adligen Daniele Barbaro entworfen, dessen Ideen der Architekt Giovanni Moroni da Bergamo 1545 in die Tat umsetzte. Der Garten sollte nach der Einrichtung des ersten wissenschaftlichen Lehrstuhls an der Universität Padua botanische Studien ermöglichen. Ihr berühmtester »Student« war Goethe, der hier die Palme fand, die seine Abhandlung über die Morphologie der Pflanzen inspirierte. Sie ist nicht nur das Juwel des Gartens, sondern auch die älteste Pflanze darin, da vor fünfundzwanzig Jahren ein Pilz die noch ältere Art *Vitex agnus castus* (Mönchspfeffer) zerstörte. Goethes Palme, die achtzig Jahre jünger ist, steht wie eine Giraffe in einem hohen Gewächshaus, das man zu ihrem Schutz baute.

Edith Wharton freute sich immer, wenn sie einen Garten fand, der *etwas von seinem alten Reiz bewahrt* hatte, und innerhalb der Mauern sieht es genau so aus, wie sie es beschrieben hat: *Ein großer, runder Platz, umgeben von einer schönen alten Ziegelmauer mit Marmorbrüstung, die abwechselnd Büsten und Statuen schmücken.* Ein breites Parterre läuft um den *hortus cinctus*, den kreisförmigen Garten, herum, und in der Mitte befindet sich ein Quadrat, dessen vier Quadranten von zwei Wegen halbiert werden, die in den vier Himmelsrichtungen zu den Eingängen verlaufen. Dieses Quadrat ist der *hortus simplicium*, der Garten der Gemeinen, in dem man anfangs nur Heilkräuter anbaute, um die reinen Arzneien der Natur zu studieren. Jeder Quadrant war ursprünglich durch verschiedene anmutige Stern- oder Kreismuster kunstvoll gestaltet und in Parterres eingeteilt, in denen jeweils eine Pflanzenart wuchs. Jedes Parterre war auf einem Hauptplan numeriert – ein sowohl dekoratives wie auch wissenschaftliches Konzept. Diese Anlage wurde im Laufe der Jahre immer wieder geändert, blieb aber im wesentlichen erhalten.

In diesen *hortus simplicium* kam John Evelyn über den Prato della Valle. Die verschiedenen Pflanzenarten bezauberten ihn so, daß er *dem Gärtner mit Erlaubnis des Königlichen Professors für Botanik auftrug, eine Auswahl für einen* hortus hyemalis *(auch* hortus siccus*) zusammenzustellen.* Diese getrockneten Pflanzen hatte er bei sich, als er auf einem Maultier mühsam den Simplonpaß überquerte und nach England zurückreiste.

Im Jahre 1704 verschönte man die Eingänge mit neuen Toren und setzte Vasen mit eisernen Palmlilien darauf. Außerdem wurde eine Balustrade mit Büsten der Kuratoren des Gartens hinzugefügt. Der Brunnen am östlichen Tor ist den vier Jahreszeiten und dem weisen König Salomo gewidmet, der südliche Brunnen Theophrast, dem Schüler des Aristoteles, der für seine neunzehnbändige HISTORIA PLANTARUM und seine sechs Werke über die Herkunft der Pflanzen, DE CAUSIS PLANTARUM , bekannt ist.

Außerhalb des *hortus cinctus* befand sich ein Baumgarten, mit dessen Bepflanzung 1760 begonnen wurde. Viele seiner Bäume, darunter Magnolien und *Ginkgo biloba*, sind noch vorhanden. Gewächshäuser und ein botanisches Theater enstanden Anfang des 19. Jahrhunderts.

Goethe war 1786 aus Weimar gekommen und hatte eine solche Pflanzenvielfalt noch nie gesehen: *Hier in dieser neu mir entgegentretenden Mannigfaltigkeit wird jener Gedanke immer lebendiger, daß man sich alle Pflanzengestalten vielleicht aus einer entwickeln könne.* Seine sorgfältige Studie über den besonderen Aufbau der Fächerpalme *Chamaerops humilis* war der Anstoß zu seiner Theorie, daß alle Pflanzen von einer *Urpflanze* abstammten, die er sein Leben lang zu finden hoffte.

OBEN *Das sechseckige Gewächshaus mit Goethes Palme* Chamaerops humilis arborescens *spiegelt die Form des Brunnens in der Mitte des Gartens wider.*

GEGENÜBER *Auf der Lithographie von Andrea Tosini aus dem Jahr 1835 formen die Kuppeln und Türme von Sant' Antonio eine breite Kulisse. »Die Mauer«, schrieb Edith Wharton, »wird von vier Toren unterbrochen, von denen eines den Haupteingang bildet … die anderen drei öffnen sich zu Halbkreisen, in denen Statuen vor einem Hintergrund aus Laub stehen.« Ursprünglich war die Anlage ein kompliziertes Pflanzenmosaik; doch ein Teil davon – ein Quadrat innerhalb des Kreises – ist erhalten geblieben.*

Im Laufe der Jahre wurde der Garten immer wieder mit Pflanzen aus aller Welt angereichert. Dank der Einrichtung einer Bibliothek, eines Herbariums und eines Labors spielte der Garten bei der Bestimmung vieler exotischer Pflanzen eine wichtige Rolle. Der Garten enthält neben Heilkräutern auch zahlreiche seltene Arten und Pflanzensammlungen, wie beispielsweise majestätische Sumpfzypressen *(Taxodium distichum)* und eine Magnolie, die angeblich im 18. Jahrhundert gepflanzt wurde. Es gibt auch Giftpflanzen, deren Gefährlichkeit wie bei Alice im Wunderland die Zahl der schwarzen Kreuze auf den Etiketten angibt. Einheimische Pflanzen sind unter anderem Baumheide und Ginster, während Oliven und Steineichen die Flora des Mittelmeerraums repräsentieren. Wasserpflanzen gedeihen ebenfalls, zum Beispiel *Victoria cruziana*, die riesige Wasserlilie aus dem ruhigen Stauwasser des Amazonas, deren enorm große schwimmende Blattteller neben Lotusblumen *(Nelumbo nucifera)* wachsen. Treibhäuser, die Anfang des 19. Jahrhunderts gebaut wurden, beherbergen Orchideen, Farne und fleischfressende Pflanzen.

Es gibt auch einen Garten für Blinde mit stark duftenden Pflanzen und Informationen in Blindenschrift. Für Taube und Schwerhörige ist der Garten eine Oase der Ruhe.

LINKS *Ein Brunnen im* hortus simplicium. *»Im Garten selbst«, schrieb Edith Wharton, »sind die Parterres für die ›Gemeinen‹ von niedrigen Eisenzäunen umgeben, und steinerne Einfassungen unterteilen sie innerhalb des Zaunes noch einmal. In jedem Teil wächst eine andere Pflanzenart.«*

GEGENÜBER *Seit seinen Anfängen als Heilkräutergarten wurde die Pflanzenvielfalt des botanischen Gartens von Padua vermehrt. Heute beherbergt er zahlreiche Arten aus aller Welt. Darunter eine Pfingstrosensammlung neben den Steinborten der Beete (oben), chinesische Palmen* (Trachycarpus fortunei) *am Weg, der zum westlichen Tor führt (Mitte), und Wasserpflanzen, darunter* Cyperus papyrus *sowie tropische und exotische Wasserlilien in kleinen Teichen, die von artesischen Brunnen gespeist werden (unten).*

Valsanzibio

Die Villa steht auf der Nord-Süd-Achse des Gartens von Valsanzibio gegenüber dem »Pilzbrunnen«. Eine doppelte Zypressenallee lenkt den Blick hinauf zum Berg (ganz links). Von der Terrasse der Villa überblickt man den tapis vert, *den Buchenhecken säumen. Dort (in deren Mitte sich der Pilzbrunnen befindet) stehen vier Statuen, von denen zwei hier zu sehen sind: Abundantia und – mit Geige – eine Allegorie der Freude (oben). Die zweite Achse des Gartens verläuft von Osten nach Westen und erreicht ihren Höhepunkt im Brunnen der Winde unter dem Vorsitz von Äolus, Zephyr, Boreas und Euros (links).*

Die *lieblichen, ausgeklügelten Gärten* von Valsanzibio gehören zu den wenigen, die Edith Wharton in ihrer Autobiographie erwähnt, die sie fünfunddreißig Jahre nach ihrem Besuch schrieb. Die Anlage wurde vor fast 350 Jahren zu einem komplexen, allegorischen Netz gesponnen, dessen Bedeutung mit der Zeit verblaßte, während sie von einer Familie zur anderen überging. Graf Fabio Pizzoni Ardemani, der derzeitige Eigentümer, war acht Jahre alt, als seine Eltern den Palazzo Barbarigo 1929 kauften, und seitdem er ihn 1985 von seinem älteren Bruder erbte, widmet er sich hingebungsvoll der vollständigen Restaurierung des Gartens und aller seiner Brunnen.

Das Anwesen umfaßt ein Tal und den unteren Teil der Euganeischen Hügel. Es stammt aus dem 14. Jahrhundert und gehörte damals mehreren Familien, unter anderem den berühmten venezianischen Contarini. Die eigentliche Geschichte des Gartens, wie wir ihn heute sehen, begann jedoch 1630, als die Pest Venedig heimsuchte. Der Edelmann Zane Francesco Barbarigo zog sich mit seiner Familie auf sein sicheres Landgut in Valsanzibio zurück. Er vergrößerte die Villa und begann über die Verschönerung des Gartens nachzudenken, der damals nur aus einem *giardino segreto* bestand. Der Rest des Anwesens setzte sich aus Obstgärten, Wäldchen und zwei *peschiere* zusammen. Gregorio, sein ältester Sohn, wurde Priester und verzichtete zugunsten seines Bruders Antonio auf sein Erbe.

Gregorio Barbarigo war als Kind mit Kardinal Fabio Chigi befreundet, und als dieser 1655 Papst Alexander VII. wurde, bat er Barbarigo, inzwischen Bischof von Padua, sein Sekretär zu werden. Barbarigo beauftragte einen römischen Architekten, möglicherweise Berninis Bruder, für ihn einen Garten neben dem Garten des Papstes am Quirinal zu entwerfen. Er gab ihm den Namen *Garten der vier Brunnen*. Da er offenbar eine Leidenschaft für Wasser hatte, mußte derselbe Architekt für ihn auch einen Garten in Valsanzibio anlegen. Ohne den Platz je gesehen zu haben, zeichnete er Pläne nach Barbarigos Anweisungen.

In Übereinstimmung mit den strengen Gesetzen der Proportion bestand der Garten aus vierundzwanzig Quadraten. Die Brüder Gregorio und Antonio, die eng zusammenarbeiteten und ausgiebig über jede Einzelheit des Gartens korrespondierten, setzten die Arbeiten um 1660 fort. Neun Jahre später wurde der Garten eingeweiht. Die Anlage stützte sich auf die drei Elemente des italienischen Gartens – Wasser, Skulpturen und immergrüne Pflanzen – und wies zwei Achsen auf. Die Nord-Süd-Achse verlief von den Bergen zur Villa und setzte sich als langer *tapis vert*, zum Ende des Gartens fort. Die Allee, unterbrochen von zwei Springbrunnen, war im wesentlichen »immergrün«. Valsanzibio gehörte zu den ersten Gärten, in denen die Gesetze der Perspektive, die in der Malerei der Renaissance entdeckt worden waren, angewandt wurden: Der *tapis vert* verengte sich allmählich, so daß die Villa in der Entfernung noch größer erschien.

Eine Ost-West-Achse, einem Querschiff vergleichbar, schloß zwei Fischteiche ein, die man mit Statuen verschönerte. Die Anlage wurde außerdem von Brunnen, Wasserspielen und Kaskaden unterbrochen. Letztere stiegen sanft an und lenkten den Blick in die Berge. Dieses Ensemble bildete insgesamt eine *prospettiva d'acqua*, ein Wassertheater. An beiden Seiten dieser Alleen hatte jedes »Quadrat« des Gartens ein eigenes Thema, das von den Gärten des päpstlichen Rom inspiriert war. Dazu gehörten ein Irrgarten, ein *leporarium*, Vogelhäuser und ein Theater im Grünen. Entlang der Grenze wurden die »Quadrate« manchmal miteinander verbunden, wenn man mehr Land für Obstgärten oder Wildreservate brauchte.

Oberflächlich betrachtet ist der Garten, wie Edith Wharton urteilte, *einer der schönsten Vergnügungsparks in Italien*. Aber er ist mehr – er ist sozusagen mit Symbolik getränkt. Sowohl die »Themenquadrate« als auch die Statuen haben genau definierte Plätze, und alle übermitteln durch Inschriften und durch ihre Position bestimmte Botschaften. In keinem anderen Garten kommt Edith Whartons Leitmotiv, *die Bedeutung der Dinge und ihr Verhältnis zueinander*, subtiler und kunstvoller zum Tragen.

Als Gregorio und Antonio Barbarigo den Garten erbauten, befand die Kirche sich seit einiger Zeit im Streit mit den Neuplatonikern, die sich vom alten Griechenland und Rom inspirieren ließen.

1566 verfügte Papst Pius V., heidnische Statuen aus dem Belvedere des Vatikans zu entfernen. Doch fast zur selben Zeit legte Vicino Orsini, Aristokrat und Bilderstürmer, nur wenige Kilometer von der Villa Lante entfernt einen Garten an, der heidnischer als alle anderen war. Groteske Ungeheuer und martialische Szenen symbolisierten eine erschreckende, bizarre Unterwelt, durch die der

Ein idealisierter Plan des Gartens aus dem 17. Jahrhundert zeigt alle wichtigen Merkmale. Allerdings wurden die untere Hälfte und die Ehrenpforte links nie gebaut. Die ausgeklügelte Anlage, die Statuen und die Brunnen verkünden die christliche Botschaft des Gartens. Der Diana-Bogen, einst Haupteingang, steht heute unterhalb der Fischteiche; davor liegt das Labyrinth.

Im 16. und 17. Jahrhundert betraten Besucher den Garten vom Fluß her durch den Diana-Bogen, der einen glanzvollen ersten Eindruck vermitteln und den Blick auf die Wunder im Inneren lenken sollte. Auf der Balustrade stehen Statuen des Apollo, des Jupiter, der Diana, des Herkules und des Merkur, ferner zwei Windhunde und zwei Bulldoggen. Die goldene Statue des Ruhmes, die das Tor einst krönte, nahm ein Wirbelsturm mit. Das Tor ist sozusagen der Anfang einer Reise von der heidnischen in die christliche Welt. Ein Sonett, das in die scalinata eingraviert ist, verkündet die Botschaft des Gartens. Der erste Vers parodiert ein Gedicht am Fuße der Sphinx zu Bomarzo; die zwei mittleren Verse handeln von den sieben Planeten, die Dante in seiner GÖTTLICHEN KOMÖDIE *als Vorhof des Paradieses erwähnt; und mit dem letzten Vers ist das Paradies erreicht.*

Wenn ihr voll Neugier jeden Teil erforscht
Und sucht, was schön und selten ist,
Gebt acht und sagt, ob ihr etwas gesehn,
Was ganz natürlich ist und kein Produkt
der Kunst.

Hier ist der Strahl der SONNE heller,
Und schöner noch steigt VENUS aus
dem Meer.
Des MONDES Phasen sind hier völlig klar,
Und MARS muß seinen Grimm für sich
behalten.

SATURN kann seine
Kinder nicht zermalmen,
JUPITER steht euch heiter bei,
Und MERKUR schwört dem
faulen Zauber ab.

Hier seht ihr Lächeln, aber niemals Tränen,
Und nie trifft euch der Blitz, der richten soll.
Dort ist die Hölle, hier das Paradies.

Eine Bulldogge wendet den Kopf von Norden (der Luther und die Reformation symbolisiert) nach Süden (zum Vatikan). Der Diana-Bogen (unten) bildet den Anfang der prospettiva d'acqua *(rechts). Vorne gießen zwei Flußgötter Wasser in das Bad der Diana, das durch den runden Brunnen des Regenbogens zum Brunnen der Winde weiter oben fließt.*

Besucher auf einer nicht festgelegten Route taumelte, bis er zu einem Tempel in einem Tal gelangte. Die Botschaft des Gartens lautete: Nicht Gott, sondern die Liebe erlöst uns. Es versteht sich von selbst, daß dieser manieristische Garten in Bomarzo der katholischen Kirche mißfiel.

Valsanzibio sollte das Gegenteil von Bomarzo und eine bewußte Hommage an San Carlo Borromeo sein. Zwar trennte Gregorio Barbarigo und San Carlo ein Jahrhundert, aber sie waren beide einige Zeit Bischof von Bergamo gewesen. So hatte Barbarigo Gelegenheit, Borromeos kompromißlose Lehre zu studieren. Für ihn war San Carlo ein Muster an Tugend, und wie dieser gründete er ein Seminar. Auch Barbarigo wollte ursprünglich Mönch werden – die »Einsiedelei« gegenüber dem Labyrinth ist ein Hinweis darauf. Er war so bescheiden, daß er sogar zweimal ablehnte, die Papstnachfolge anzutreten. Den zutiefst subversiven Bomarza kannte er nur zu gut, und darum hauchte er seinem Garten, um sein großes Vorbild zu ehren, den Geist des Christentums ein.

Die erste Strophe des Sonetts, das auf der *scalinata* von Valsanzibio eingekerbt ist, erklärt die Bedeutung des ganzen Gartens und ist bis zur letzten Silbe eine bewußte Parodie der Verse am Fuße der Sphinx, die den Besucher am Eingang von Bomarzo begrüßt. Während der »Park der Monstren« zu einer Wanderung durch die Unterwelt einlädt und die dunklen Kräfte des Lebens erforscht, ist der Weg in Valsanzibio klar erkennbar: Je weiter man sich von der »falschen« heidnischen Mythologie entfernt, die der Diana-Bogen am Eingang symbolisiert, desto kunstvoller wird der Pfad, und schließlich erreicht man die *scalinata* an der Schwelle des Paradieses, dessen Sinnbild der Pilzbrunnen ist. Vorher trifft man allerdings auf zwei Leoparden als letztes Hindernis – eine Anspielung darauf, daß Dante am Ende seiner Reise beinahe umgekehrt wäre. Die Bestien lassen sich jedoch von ihrem Durst ablenken, und darum kann man flink durch die obere Terrasse schlüpfen.

Am Brunnen des Regenbogens (oben), der ursprünglich Brunnen des Schwans hieß, konnten sich die Besucher nach der prospettiva d'acqua *dem Labyrinth hinter der Hecke zuwenden, einer Allegorie der Ereignisse im Leben. Wer den rechten Pfad wählt – den Pfad der Tugend –, findet den Ausweg, den Säulenbrunnen sowie Statuen des Merkur und des Argos (unten), eines Riesen mit vielen Augen, der die Weisheit des Menschen symbolisiert. Gregorio Barbarigo sah sich selbst in Merkur personifiziert. Als Vermittler zwischen dem Göttlichen und dem Menschlichen lullt er Argos mit seiner Musik in den Schlaf, so daß der Besucher an ihm vorbeihuschen kann.*

DIESE SEITE *Gesundheit und Fruchtbarkeit vervollständigen die Gruppe der Statuen, die den Säulenbrunnen umgeben (oben). Die Fruchtbarkeit hat Kaninchen zu ihren Füßen (links oben). Dieses Thema greift das nahegelegene* leporarium *wieder auf (Mitte links). Die Statue des Saturn (links unten), der die Zeit verkörpert, bildet den Kontrapunkt zur Fruchtbarkeit und erinnert an die Sterblichkeit des Menschen, die nur durch das Streben nach dem Spirituellen überwunden werden kann. Saturn lehnt mit gespreizten Flügeln auf einem Stundenglas, aber der Fels auf seinem Rücken verankert ihn am Boden. Er wendet das Gesicht vom Heidentum ab (symbolisiert durch den Diana-Bogen) und der Kirche (der Villa und ihrer Terrasse) zu.*

GEGENÜBER *Der Puttobrunnen (oben) mit seinen Wasserspielen ist das letzte heidnische Hindernis* vor der scalinata, *die das letzte Stadium der Reise symbolisiert.*
Gegenüber Das Sonett, der Schlüssel zum Mysterium des Gartens, ist in den Stufen eingekerbt (ganz rechts, Mitte). Am Fuße der Treppe bewachen durstige Leoparden Dantes Paradies – die obere Terrasse (ganz rechts, unten).
Der Pilzbrunnen (rechts unten) steht in der Mitte der Terrasse. Er ist das Symbol der Ekstase, welche die Erleuchtung schenkt. Die Statuen auf der Terrasse stellen Ruhe, Freude, Vergnügen, Tugend, Fülle, den freien Willen, Einsamkeit und Schönheit dar und verkünden, daß das letzte Ziel nun erreicht ist.

PARTE GIVNGI E CREDI
ON QVI APPIARE TVTTO
SVOI COMPARTE VENERE
PIV CHIARE QVI NON
RODE QVI GIOVE

Villa Cuzzano

Der Blick in den Hof der Villa Cuzzano entzückte Edith Wharton (ganz oben). Sie rühmte seine »sorgfältige Anlage … genau auf einer Achse mit dem zentralen Saal der Villa, so daß man, wenn man in der Kapelle steht, durch diesen hohen Saal auf den Hof blickt und hinaus auf die schöne Hügellandschaft. Auf diese Weise, mit einfachen Mitteln und begrenztem Raum, gelang es den Architekten der Villa, den Eindruck von Ferne und Überraschung zugleich zu erzeugen …« Die Familie Allegri baute die Kapelle zum Gedenken an San Carlo Borromeos Besuch im Jahre 1563 auf dem Rückweg vom Trienter Konzil. Der Torbogen, auf dem eine Rosa banksiae *wächst (oben), lenkt den Blick an den beiden Flügeln der Villa vorbei auf die Landschaft. Der Höhepunkt des* tapis vert *im Garten sind die Zypressen, die wie alles Italienische ihren Charakter im Laufe der Zeit herausgebildet haben.*

OBEN *Ein Fresko aus dem 18. Jahrhundert in der Villa zeigt, daß der Garten geometrisch angelegt war, ehe man ihn mit spiralförmigen Arabesken veränderte.*

GEGENÜBER *Zwei Türme flankieren die Villa und erinnern an die Villa Aldobrandini. Vom Rasen der vorderen Terrasse aus überblickt man den Garten und die Felder. Sir Geoffrey Jellicoe meinte, die Bepflanzung sei das einzig Interessante am Garten und daher »üppig und komplex«. Heute hacken Gärtner den Weg wie in der alten Zeit und schneiden Holz aus den Formbäumen, damit sie kräftiger wachsen.*

Edith Wharton war entzückt, als sie erfuhr, daß Kenner der italienischen Gartenkunst nördlich von Verona, nur elf Kilometer von den Gärten der Giusti entfernt, *ein schönes altes Haus über einem Terrassengarten, bepflanzt mit einem kunstvollen parterre à broderie* entdecken: die Villa Cuzzano.

Im Garten des Anwesens ist das Parterre der dekorative Mittelpunkt. Es ist so angelegt, daß sich das Spiralmuster der *broderie* am besten von oben erschließt.

Die arabeske Verzierung unterschied sich sehr von den streng geometrischen Formen der römischen Parterres und ist vielleicht dem französischen Garten nachempfunden. Die runden Formen verschmolzen förmlich mit den fließenden Linien der Weinberge. Der völlig offene Garten, bemerkte Sir Geoffrey Jellicoe, gleiche *einem großen luftigen Salon*. Überall war viel Platz.

Das landwirtschaftliche Anwesen erzeugt seit dem 15. Jahrhundert Olivenöl und Wein. Der ursprüngliche, mit Zinnen versehene Palast wurde durch eine Villa ersetzt, die nach dem Plan des Architekten und Bildhauers G. B. Bianchi Mitte des 17. Jahrhunderts erbaut wurde. Die Familie Allegri verkaufte sie 1842 an Giovanni Antonio Arvedi aus Verona, dessen Nachkommen sie heute noch gehört. Wie bei den Barbarigi gab es auch bei den Arvedi ein sehr religiöses Familienmitglied, nämlich die Nonne Lucidalba, die Tochter von Giovanni Arvedi. Als Anhängerin von San Carlo Borromeo gründete sie den Orden der Arvedianerinnen. Sie verbannte alle mythologischen Statuen aus den Nischen und von der Balustrade der väterlichen Villa als »heidnisch« und ließ sie in den Fluß werfen. Später wurden sie gefunden, herausgeholt und an ihre alten Plätze gestellt.

Gärten bei Florenz

Seit Jahrhunderten wird Florenz wegen seiner villenbebauten Hügel gerühmt, schrieb Edith Wharton. *Einem alten Chronisten zufolge waren die Landhäuser prächtiger als die in der Stadt und standen so nahe beieinander zwischen ihren Olivenhainen und Weingärten, daß der Reisende ›schon drei Meilen vor der Stadt glaubte, in Florenz zu sein‹.* Weiter erklärte sie: *Florenz wurde lange von einer allmächtigen Familie beherrscht, und vielleicht liegt es daran, daß die Häuser so wenig Abwechslung zu bieten haben. Pratolino, Poggio a Caiano, Cafagiuolo, Careggi, Castello und Petraia wurden eins nach dem anderen Eigentum der Medici, unabhängig von ihrem Ursprung.*

Traut man der Geschichtsschreibung, besäße Florenz ohne die Medici vielleicht überhaupt keine Gärten und hätte keine derart große Bedeutung für die Frührenaissance gehabt. Die Florentiner waren impulsiv, politisch wankelmütig und nachtragend. Eine verschmähte Liebe, die mit einem Mord gesühnt wurde, war die Ursache des Krieges zwischen den Guelfen und den Ghibellinen, der Florenz in zwei Lager spaltete, Jahrzehnte dauerte und Dante ins Exil trieb, aus dem er nie zurückkehrte.

Die Medici gelangten im 15. Jahrhundert dank ihres Einflusses im Vatikan an die Macht. Sie waren Bankiers und Steuereintreiber des Papstes und betrieben die wertvollen Alaunminen des Vatikans. Im großen und ganzen wußten die Medici ihren Reichtum sinnvoll zu nutzen; doch keiner war so vornehm und kultiviert wie Cosimo der Ältere und sein Enkel Lorenzo Il Magnifico. Cosimo wurde 1389 geboren, fünfzehn Jahre nach Petrarcas Tod, und die Hymnen, in denen Petrarca und Boccaccio die Natur priesen, begeisterten ihn. Er war einer der Mitbegründer des Humanismus, in dem Natur und Philosophie miteinander verschmolzen, und seine Gewohnheit, die Reben selbst zu beschneiden, war der Beginn einer langen Tradition. Wie Plinius sah er im Garten einen Ort, an dem er seine Seele läutern konnte. *Gestern bin ich in Careggi angekommen*, schrieb er einem Freund, *und zwar mit der Absicht, mich selbst und weniger meinen Garten zu verbessern … Vergiß nicht, das Buch deines Freundes Platon mitzubringen … denn ich wünsche mir nichts sehnlicher, als den Weg zum wahren Glück zu finden.*

Die wichtigen Elemente des Renaissancegartens gelangten von Persien über Griechenland nach Florenz und Rom. Der Grieche Xenophon hatte die märchenhaften Gärten der orientalischen Könige besucht und dort Wasser, Platanen, aromatische Sträucher und Obstbäume entdeckt. Daraufhin wurden diese und andere Elemente zum festen Bestandteil griechischer Gärten, und Platon lehrte im Garten seiner Akademie. Lorenzo der Prächtige nahm sich daran ein Beispiel und gründete in einem Garten in Florenz eine Schule für talentierte junge Künstler.

Die Medici herrschten in Florenz mehr als dreihundert Jahre lang ohne größere Unterbrechungen und überstanden sämtliche Komplotte. Kaum hatte man sie entmachtet, holte eine breite Bewegung sie wieder zurück. Bürgerkriege zwischen den mächtigen italienischen Stadtstaaten – Neapel, Venedig, Mailand und dem Vatikan – führten zu Chaos und Barbarei, oft von Männern geduldet und geschürt, die Mäzene großer Künstler waren. Nur das Joch der Medici konnte die totale Anarchie verhindern und zugleich den Ruf der Stadt als Zentrum der Kunst fördern. Es war unvermeidlich, daß Intrigen und dramatische Ereignisse, die in Florenz alltäglich waren, sich

VORIGE SEITEN *Von der Villa Gamberaia aus schweifte Edith Whartons Blick über terrassenförmige Olivenhaine. »Es ist … typisch für die alte toskanische Villa, daß der Bauernhof oder das Landgut bis zum Rand derjenigen Terrasse reicht, auf der das Haus steht.«*

GEGENÜBER *Regenbogen über Florenz, von den Boboli-Gärten aus gesehen. Die Medici, deren Wappen oben zu sehen ist, lebten stets unter Gewitterwolken. Sie hatten viele Gegner, doch der ärgste war Savonarola, der »das Schwert des Herrn an einem dunklen Himmel über Florenz« ankündigte.*

Großherzog Francesco I. de' Medici gab den Pratolino bei Buontalenti in Auftrag, damit Bianca Cappelli (rechts) sich darin amüsieren konnte. Wie die Lünette von Guisto Utens (1599) zeigt, besaß er eine zentrale Achse, die vom Palast auf dem Kamm eines Hügels zum unteren Teil des Parks führte (oben). John Evelyn beschrieb »einen langen Spazierweg, an dessen Seiten Wasser aus unsichtbaren Röhren schießt … Dieser Wasserbogen oder -baldachin war eine der größten und schönsten Überraschungen, die ich je gesehen habe, und in der Sommerhitze überaus erfrischend.« Giovanni Guerras Zeichnung aus dem Jahre 1604 (gegenüber, oben) skizziert die Kaskadenanlage vor der Villa. Leider wurden die Fundamente des Gebäudes, die Wasserspiele und Grotten 1819 abgerissen. Erhalten blieb nur Giambolognas Statue des Apennin (gegenüber, unten), die laut Evelyn fünfzehn Meter hoch ist »und im Leib eine rechteckige Kammer hat, während die Augen und der Mund als Fenster und Türen dienen«.

auch auf anderen Ebenen widerspiegelten. Man erzählt, der betrogene Gatte von Isabella de' Medici (die Schwester des Großherzogs Francesco I. de' Medici) habe seine Frau eines Abends geküßt, während seine Komplizen einen Strick von der Decke herabließen und sie strangulierten. Hinterher behauptete er, sie sei an einem Schlaganfall gestorben. Ein Mordanschlag auf Papst Leo X. wurde gerade noch vereitelt – man hatte versucht, ihm ein vergiftetes Pflaster für seine Analfistel zu verabreichen. Ein anderes Mal verbarg ein Unbekannter Schwerter und Dolche im Arno, und zwar genau an der Stelle, wo Herzog Cosimo I. jeden Tag in den Fluß sprang. Die Florentiner waren für ihre Theatralik bekannt. Beispiele dafür sind die phantastischen Triumphbögen, die sie eigens zur Begrüßung der Bräute anfertigten und danach wieder abrissen, und die Historienspiele in den Boboli-Gärten, die unübertroffen waren, was Phantasie und Gaukelei betraf.

Die Medici nutzten ihren Einfallsreichtum und ihren Sinn für das Dramatische auch in ihren Gärten, ganz besonders im Pratolino, den Großherzog Francesco I. im Jahre 1569 von Buontalenti bauen ließ, um seine Mätresse Bianca Cappelli zu erfreuen. Dieser Garten war einer der ersten, die im manieristischen Stil angelegt waren. Anstatt sklavisch den klassischen Gesetzen der Proportion zu gehorchen und den Garten als Teil des Hauses zu betrachten, richtete der Architekt sich nach den Wünschen des Auftraggebers und folgte den natürlichen Konturen des Geländes. Das Ergebnis war ein ganz und gar magischer Ort.

Pratolino, nur zwanzig Jahre nach der Villa d'Este erbaut, wurde von zwölf Quellen gespeist. Jupiter saß als Himmelsgott ganz oben; Wasser schoß aus seinem Blitz und floß in Kaskaden und Teiche. *Der Garten*, berichtete John Evelyn, *ist herrlich und voller Brunnen. In einem Hain sitzt Pan und weidet seine Herde. Das Wasser erzeugt in seiner Flöte ein melodisches Geräusch. Aus der Keule des Herkules rieselt Wasser in ein riesiges Tritonshorn, und eine nackte Frau reitet auf dem Rücken von Delphinen.* Montaigne beschrieb eine der Grotten: *Nicht nur, daß Wasserkraft Musik erzeugt, sie bewegt auch Statuen und öffnet Türen. Tiere tauchen und trinken mit einer einzigen Bewegung. Die ganze Grotte läßt sich mit Wasser füllen, und auf allen Sitzplätzen wird die Hose naß.* Leider wurde der kunstvolle Pratolino 1819 dem Erdboden gleichgemacht, weil sein Unterhalt zu teuer war.

Villa Castello

»Breite Stufen«, schrieb Edith Wharton, »führen hinauf zur ersten Terrasse, wo Il Tribolos stattlicher Brunnen aus Bronze und Marmor steht, umgeben von Marmorbänken und Statuen auf schönen, abgequaderten Sockeln.« Gemeint ist der Brunnen des Herkules (links), das Prunkstück des Gartens. Nur der Sockel und die Krallen des Löwen, auf denen einst sieben marmorne putti saßen, sind erhalten. Den oberen Teil schufen Giambologna und Ammanati nach Modellen von Tribolo. Nelly Erichsens Zeichnung aus dem Jahre 1901 in FLORENTINE VILLAS von Janet Ross gibt eine Vorstellung davon (oben). Der Brunnen bestand aus drei Ebenen. Die eine war mit Ziegen geschmückt, die Herzog Cosimo I. symbolisierten. Auf einer anderen preßten putti Wasser aus dem Schnabel von Gänsen, das über den Rand des Beckens lief. Ganz oben kämpfte Herkules mit dem Riesen Antäus und quetschte seine Lebenskraft in Form von Wasser aus ihm heraus. Wie Janet Ross berichtete, war der Brunnen »von Statuen umgeben, die Männer und Frauen der Medici darstellten; doch ihre Gewänder liegen ihnen so eng und in steifen, geraden Falten an, daß sie viel eher an römische Senatoren und deren Gattinnen erinnern«.

Die Idee des Gartens war es, die Toskana – von Herzog Cosimo I. mit Leben und Fruchtbarkeit erfüllt – vom Apennin bis zum Arnotal in Miniaturform darzustellen. Utens' Lünette aus dem Jahre 1599 zeigt, daß Tribolo oben im Garten einen Teich angelegt hatte, dessen Wasser in einen Zitronenhain floß. Die Mauer des Hains enthielt eine Grotte, die von zwei nie vollendeten Statuen flankiert wurde, Arno und Mugnone. Allerdings wurde ihr Ruhm später von Ammanatis großartiger Statue des Apennin übertroffen (gegenüber), die er nach Tribolos Tod schuf. Aus seiner Kappe lief Wasser, das den Leib ständig berieselte.

Im Jahre 1477 erwarb Lorenzo di Pierfrancesco de' Medici die Villa Castello an den unteren Hängen des Monte Murello, fünf Kilometer von Florenz entfernt. Lorenzo war der größte Mäzen Botticellis, dessen PRIMAVERA angeblich für die bevorstehende Hochzeit des Medici entstand. Was die Blumenwiese auf dem Bild betrifft, so ließ Botticelli sich offenbar von Boccaccios DECAMERONE inspirieren. Dort ist zwar der Garten der Villa Palmieri in Florenz beschrieben, doch dieser ähnelte dem geplanten Garten der Villa Castello sehr: *In der Mitte ... war etwas, was sie höher rühmten als alles andere: ein Rasen aus feinem Gras, so grün, daß er beinahe schwarz erschien, gesprenkelt mit wohl tausenderlei Blumen. Dieser Rasen war von sehr grünen Zitronen- und Orangenbäumen umgeben ... und in seiner Mitte befand sich ein Brunnen aus sehr weißem Marmor, überaus herrlich behauen. Eine Gestalt stand auf einer Säule mitten in diesem Brunnen und warf Wasser hoch in die Luft, das sodann mit lieblichem Geräusch in ein kristallklares Becken fiel ...*

Dieser herrliche Villengarten wurde jedoch erst im folgenden Jahrhundert realisiert, nachdem die Medici die Belagerung der Stadt, den Unruhestifter Savonarola, zahlreiche Verschwörungen und ihre eigene Schwäche überstanden hatten. Erst Herzog Cosimo I. de' Medici konnte die Vormachtstellung der Familie wieder sichern, und der Garten der Villa Castello wurde zu ihrem Flaggschiff.

Cosimo wurde von seinem Großonkel und Paten Papst Leo X. getauft, um *das Andenken an den weisesten, tapfersten und umsichtigsten Mann, der dem Hause Medici je geboren ward, wiederzubeleben.* 1537 wählte man ihn zum Herzog. Wasser war sein neues Element. *Ein Mann ist nur mächtig, wenn er auf der See ebenso mächtig ist wie an Land*, erklärte er und befahl, eine Flotte von Galeonen zu bauen. Der Herzog drückte seine Liebe zum Wasser auch dadurch aus, daß er zwei gewaltige Aquädukte errichten ließ, um die Bürger der Stadt mit sauberem Trinkwasser zu versorgen.

Fast unmittelbar nach seiner Wahl zum Herzog beauftragte Cosimo I. den Bildhauer Niccolò Tribolo, Wasser auf den Kamm des Abhangs zu leiten und einen Garten mit Statuen und Brunnen zu entwerfen. Es sollte einer der ersten Renaissancegärten mit einem einheitlichen ikonographischen Programm werden. Man benötigte zwei Wasserleitungen, damit genügend Wasser mit ausreichendem Druck für Tribolos kunstvolles System aus Brunnen, Springbrunnen, Grotten, Skulpturen, Fischteichen und Kanälen zur Verfügung stand. Wären alle Ideen realisiert worden, hätte der Garten sich weitere zwei Kilometer ausgedehnt und wäre *der prächtigste und kunstvollste Garten Europas* geworden, wie der Architekt Vasari behauptete, der nach Tribolos Tod im Jahre 1550 die Arbeiten leitete. Rücksichtslose Umbauten haben jedoch seither einen großen Teil des Gartens zerstört.

Das Wasser floß zunächst aus einem Teich auf dem höchsten Punkt des Gartens durch einen Zitronenhain (gut geschützt vor dem Nordwind), dessen Mauer eine Grotte enthielt. Die beiden Statuen vor der Grotte waren den Flußgöttern Arno und Mugnone geweiht. Sie waren zugleich die beiden Hauptquellen des Gartens. Die Nischen in der Mauer waren mit Stalaktiten geschmückt. Aus der Grotte floß das Wasser in den benachbarten Labyrinthgarten, in dessen Mitte sich ein Brunnen der Venus befand. Gleich unterhalb des Irrgartens stand der Brunnen des Herkules, der zu seiner Zeit einzigartig gewesen sein soll. Der Wasserdruck wurde von einem besonderen Aquädukt geregelt, der zur Villa Petraia, einer weiter oben gelegenen Villa der Medici führte. Der Brunnen besaß drei Ebenen, die eine Statue des Herkules im Kampf mit Antäus krönte. Edith Wharton bemängelte das *übernatürliche*

Weiß der Skulptur, das einen zu krassen Kontrast zum *bosco* im oberen Garten und zu den dunkelgrünen Zypressen bilden würde. Anschließend strömte das Wasser in die Fischteiche vor der Villa, die schon vorhanden waren, als der Garten angelegt wurde. Man plante, sie durch zwei Kanäle mit dem Arno zu verbinden. Die Brunnen waren die Voraussetzung für die Bepflanzung, wie der französische Botaniker Pierre Belon bemerkte, der den Garten 1546 besuchte. Im Zitronenhain wuchsen 600 Arten von Zitrusfrüchten, und der Herzog selbst zog Rosen außerhalb des Labyrinths. Die Parterres wurden mit Obstbäumen bepflanzt, die Wände schmückten Spaliere aus Granatapfel- und Orangenbäumen. Vor der inneren Mauer, im Osten des Gartens, befand sich ein *giardino segreto* mit Heilkräutern aus den botanischen Gärten von Pisa (den ebenfalls Cosimo I. gründete) und Padua.
Man benötigte fast vierzig Jahre, um den Garten der Villa Castello anzulegen. Während dieser Zeit widmete sich Cosimo gleichzeitig den Boboli-Gärten. Nach seiner zweiten Heirat zog er sich jedoch in die Villa Castello zurück, wo er bis zu seinem Tod im Jahre 1570 vornehmlich Jasmin anbaute.

GEGENÜBER *Eines der Parterres neben der Villa (links). Eine Statue des Äskulap, des Gottes der Heilkunst, steht in der Mitte des* giardino segreto, *des Heilkräutergartens.*

OBEN UND RECHTS *Nach Edith Wharton sind Grotten in italienischen Gärten »eine natürliche Entwicklung des Bedürfnisses nach Schatten und Kühle. Wenn die lange nicht mehr gebrauchten Wasserspiele in Gang gesetzt wurden und kühle Ströme sich über zitternde Farnbeete in marmorne Behälter ergossen, mußten diese Schlupfwinkel einen köstlichen Kontrast zu dem sonnigen Garten geboten haben.« In Castello »ist die hintere Mauer, wie es in italienischen Gärten an einem Hang üblich ist, ein großartiges dekoratives Element«. In dieser Mauer befindet sich »eine dieser riesigen Grotten, die italienische Gartenarchitekten zwei Jahrhunderte lang oder länger entzückten. Das Dach ist mit Masken und Arabesken aus gefärbten Muscheln verziert, und in den Nischen des Tuffs, der den Hintergrund bildet, sind seltsame Gruppen lebensgroßer Tiere zu sehen.« In einer Nische steht ein Bassin, in das Fische und Muscheln eingemeißelt sind (rechts); darüber drängen sich Pferd, Damhirsch, Dromedar und andere Tiere. Die anderen Nischen enthielten hierarchisch geordnete Tiere, die symbolisch etwas mit den Medici zu tun hatten. Ein Einhorn stellte beispielsweise Herzog Cosimo I. dar, dem Florenz sein sauberes Wasser verdankt. Ein Nashorn war das Symbol des ermordeten Herzogs Alessandro, dessen Nachfolger Cosimo war. Eine Giraffe erinnerte an ein Geschenk des Sultans von Babylon an Lorenzo den Prächtigen, das einst sehr viel Aufsehen erregt haben muß.*

Boboli-Gärten

OBEN UND GANZ LINKS *Im Jahre 1785 hatte der Großherzog Pietro Leopoldo von Lothringen einen kleinen Zoo in ein Treibhaus für Orangen- und Zitronenbäume umgewandelt und davor einen Garten angelegt. Das Gebäude entwarf Zanobi del Rosso.*

LINKS *Diese Statue stellte ursprünglich Johanna von Österreich dar, die jedoch vor der Vollendung des Werkes starb. Daraufhin verwandelte man die Statue in eine Abundantia, um die Taten des Großherzogs Francesco I. de' Medici, ihres Gemahls, zu rühmen. Sie wurde erst 1636 in die Boboli-Gärten gebracht, nachdem man den Plan, sie auf dem Markusplatz aufzustellen, fallengelassen hatte, weil der Stützpfeiler verrottet und die Säule umgestürzt und zerbrochen war.*

Herzog Cosimo I. de' Medici heiratete 1540 Eleonora von Toledo, die Tochter des Vizekönigs von Neapel. Da ihr die kleine Terrasse des Palazzo Vecchio zu eng war, wünschte sie sich einen großen Garten, in dem sie spazierengehen und ihre seltenen Pflanzen und Blumen anbauen konnte. 1549 erwarben die Medici den Palazzo Pitti und begannen sogleich, die dahinter liegenden Boboli-Gärten umzugestalten. Das Bauwerk sollte, wie Machiavelli es ausdrückte, *der imposanteste Palast* werden, *den je ein Nichtadliger gebaut hat*. Nachdem Eleonora den Garten elf Jahre lang beaufsichtigt hatte, verschlechterte sich ihre Gesundheit, und sie bestand darauf, 1560 in den unvollendeten Palast einzuziehen, wo sie nur zwei Jahre später starb.

Cosimo I. ließ nicht nur den kunstvollen Garten der Villa Castello anlegen, er soll auch die Hochschule für Botanik in Pisa gegründet haben. Was die Boboli-Gärten betrifft, so galt seine besondere Leidenschaft der Bepflanzung von Obstgärten mit früchtetragenden Zwergbäumen.

Der Herzog und seine Gattin beauftragten zunächst Niccolò Tribolo, der nach zehn Jahren immer noch am Garten der Villa Castello arbeitete. Dennoch bildet Tribolos Entwurf das Herzstück des Gartens, wenngleich sein Plan im 17. Jahrhundert erheblich verbessert und erweitert wurde. So bezog er die Wiese und die natürliche Hufeisenform der Hügel hinter dem Palast mit ein. Der Abhang war in symmetrischen Blocks mit immergrünen Bäumen – Zypressen, Tannen, Steineichen, Lorbeerbäumen – bepflanzt, die den dunklen Hintergrund für einen kolossalen Brunnen bildeten. Er sollte aus einem enormen Granitbecken und einer weißen Statue des Ozeanus bestehen, begleitet von drei Flußgöttern, die die drei Lebensalter des Menschen symbolisierten. Ähnlich wie der Teich der Villa Castello war die Terrasse darüber als einfache, rechteckige *peschiera* mit einem schlichten Brunnen geplant; doch dieser sollte so hoch wie das Gebäude selbst sein.

Im Sommer 1550 brach Tribolo nach Elba auf, um ein Granitstück mit einem Durchmesser von über sechs Metern für das Becken des Brunnens zu finden – aber er starb auf dem Rückweg. Seine Pläne wurden zunächst von Bartolomeo Ammanati in die Tat umgesetzt, später von Bernardo Buontalenti, dessen Sinn für Überraschungen nicht nur im Pratolino-Garten, sondern auch in den Grotten, die er für die Boboli-Gärten entwarf und deren Thema die Sintflut war, spürbar sind.

Ammanati sorgte für Harmonie zwischen dem Gebäude und dem Garten, indem er 1560 zwei Flügel an den Palast anbaute, welche die Hufeisenform des Amphitheaters widerspiegelten. 1565 feierte Cosimos Sohn Francesco, der später Pratolino erbauen ließ, seine Hochzeit mit Festwagen, welche die facettenreiche Geschichte der Götter erzählten. Einer dieser Wagen diente als Vorbild für den Neptunsbrunnen, der heute in der Mitte von Tribolos *peschiera* steht. Die Hochzeit des jüngeren Sohnes Ferdinando I. (er ließ später die Villa Petraia umbauen) mit Christine von Lothringen im Jahre 1589 war noch raffinierter. Den Höhepunkt bildeten ausbrechende Vulkane und feuerspeiende Drachen, und der ganze Hof wurde eineinhalb Meter hoch überflutet, damit achtzehn Galeonen, bemannt mit heldenhaften Christen, eine türkische Festung erstürmen konnten.

Im 17. Jahrhundert, als sich der Einfluß der römischen Gartenarchitektur bemerkbar machte, wurden die Boboli-Gärten erheblich vergrößert und zwei Hauptachsen eingefügt. Die erste, die bereits Tribolo geschaffen hatte, verlängerte man bis zum Gipfel des Berges, wo eine riesige Abundantia-Statue stand. Die zweite schloß eine lange Zypressenallee ein, Viottolone genannt. Sie führ-

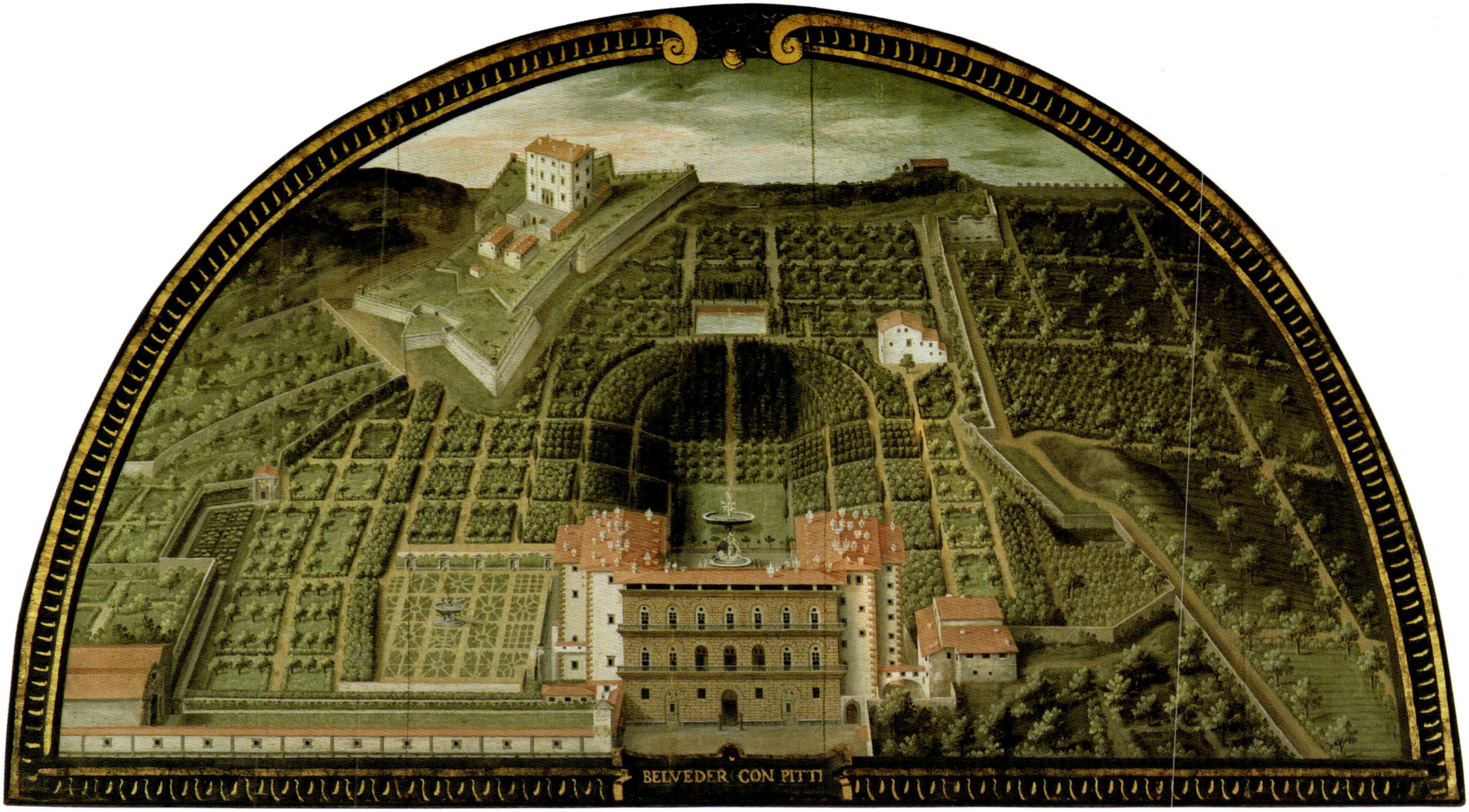

GEGENÜBER *Die Statue auf dem Neptunsbrunnen schuf Stoldo Lorenzi für Herzog Cosimo I. Ein Festwagen mit dem »Triumph des Neptun« hatte ihn inspiriert – einer von zwanzig Wagen, die am 21. Februar 1565 anläßlich der Hochzeit Francescos I. mit Johanna von Österreich die Geschichte der Götter darstellten. Die Tritonen und Näaden sind ein Teil des ursprünglichen Brunnens und ebenfalls ein Werk von Lorenzi. Die Felseninsel stammt aus dem 17. Jahrhundert.*

OBEN *»Der wichtigste, wenn auch nicht der gefälligste toskanische Lustgarten«, schrieb Edith Wharton, »liegt innerhalb der Stadtmauern. Es ist der Boboli-Garten am Steilhang hinter dem Palazzo Pitti. Die Anlage … ist nicht nur vorzüglich, sondern auch interessant, weil sie eine der wenigen Beispiele für einen Renaissancegarten in der Toskana ist, dessen Hauptmerkmale erhalten geblieben sind.« Utens' Lünette aus dem Jahre 1599 zeigt, daß »hinter dem Brunnen und in einer Linie mit ihm ein hufeisenförmiges Amphitheater in den Hang gegraben wurde. Es hat steinerne Sitzplätze und ist mit Statuen geschmückt, die in Nischen stehen … Das Amphitheater ist ein Triumph der italienischen Baukunst. Was die Anlage im allgemeinen und die Details betrifft, so ist es reine Renaissance, ohne eine Spur des schweren, phantastischen* barrochismo *[Barock], der ein halbes Jahrhundert später solche Kompositionen in den Villen bei Rom zu entstellen begann. Ein Vergleich mit der grotesken Gartenanlage der Villa d'Este in Tivoli, die kaum jünger ist, zeigt, wie lange der toskanische Sinn für Proportionen und guten Geschmack dem wachsenden Bedürfnis widerstand, den Betrachter nicht zu bezaubern, sondern in Erstaunen zu versetzen.«*

Der höchste Punkt des Gartens ist der Giardino del Cavaliere über den Befestigungsanlagen, die während der Belagerung im Jahre 1529 von Michelangelo errichtet wurden. Ein Haus im Stil einer Festung, für Kardinal Leopoldo de' Medici erbaut, wurde im 19. Jahrhundert durch dieses elegante Casino ersetzt, doch zunächst als Schule für die jüngeren Medici benutzt. Heute birgt es ein Porzellanmuseum (links). Der lustige Affenbrunnen wird Giambologna zugeschrieben (oben). Evelyn sah bei seinem Besuch 1644 »eine Festung auf einem Hügel, wo, wie man uns sagte, der Schatz seiner Hoheit aufbewahrt wird (ich sah in diesem Garten eine Rose, die einem Orangenbaum aufgepfropft war). Es gibt viele Formbäume und von Hecken umgebene Säulen.«

RECHTS *Heute wachsen Rosen im Garten von Madama, den Herzog Cosimo I. einst mit früchtetragenden Zwergbäumen bepflanzt hatte.*

te zum neu angelegten Inselgarten des Isolotto und weiter zur Porta Romana, dem sagenhaften Stadttor. Mehrere Architekten erschlossen das neue Gelände im Laufe von 150 Jahren. An beiden Seiten des Viottolone befanden sich Labyrinthe, *ragnaie* und kleine Gärten, um die sich die Medici selbst kümmerten. Großherzog Francesco I. brachte beispielsweise die ersten Maulbeerbäume in die Toskana, und Großherzog Ferdinando I. führte viele verschiedene Kartoffelsorten ein. Als John Evelyn den Garten 1644 besuchte, fand er *allerlei Hügel, Täler, Felsen, Haine, Vogelhäuser, Vivarien, Brunnen (vor allem einen mit fünf Fontänen und einem mittleren Becken aus einem der längsten Steinblöcke, den ich je gesehen habe)*. Dieser Ozeanbrunnen steht heute in der Mitte des Inselgartens.

Das Amphitheater, das Edith Wharton als *Triumph der italienischen Gartenbaukunst* pries, wurde 1599 vergrößert. 1646 entfernte man die *boschetti* und Tribolos Brunnen und stellte Sitzplätze in sechs Reihen auf. Die Historienspiele wurden noch pompöser. Als Großherzog Cosimo III. 1661 Marguerite Louise

d'Orleans heiratete, gab es sogar ein Pferdeballett. Sir Geoffrey Jellicoe schrieb: *Wenn ganz Florenz in den Pitti ging und überall der Geist des Heidentums herrschte, befand der Boboli sich in Aufruhr … Man errichtete riesige hölzerne Bauten und beleuchtete sie mit Feuern und Fackeln, und an die Stelle des Schauspiels trat der Tanz … Bis weit in die Nacht hinein dröhnten die Gärten im Rhythmus der wimmelnden, wogenden Massen – im gleichen irren Rhythmus, den vor sechzig Jahren Savonarola für eine Weile getrommelt hatte, bevor der nächste ihn vernichtete.*

Der Mangel an Charme, den Edith Wharton beklagte, wurde vom Nutzen aufgewogen, den die Allgemeinheit hatte. Im Zweiten Weltkrieg wurde die Wiese des Amphitheaters umgepflügt, um Gemüse anzubauen, und das Gelände hinter dem Isolotto, heute ein Kinderspielplatz, diente als Notfriedhof. In der *Limonaia* waren vorübergehend Gemälde gelagert, als der Arno 1966 über die Ufer trat; heute befindet sich darin eine Werkstatt, in der Statuen restauriert werden. Der Garten wurde zudem eine Ruhestätte für Statuen aus anderen Villen der Medici.

Den Isolotto, einen künstlichen See mit einem Inselgarten, entwarf Alfonso Parigi 1618 nach dem Vorbild des Meerestheaters der Hadriansvilla in Tivoli. Dort stehen heute der Brunnen der Harpye (links, Mitte) und Giambolognas Brunnen des Ozeanus (rechts), der auf Tribolos Becken ruht, das 25 Ochsengespanne aus Florenz herbeischafften. Andromeda sitzt angekettet auf einem Sockel im Wasser. Perseus (links unten) reitet herbei, sie zu retten. Die Steinböcke auf dem Tor (links oben) symbolisieren das Sternzeichen Herzog Cosimos I.

Villa Petraia

An den Insignien der Medici erkennt man sofort, wem diese Villa gehörte (oben). Die Kugeln symbolisieren wohl die Schröpfgläser oder Pillen der Ärzte (daher der Name »Medici«) oder, einer phantasievollen Legende zufolge, die Dellen auf dem Schild ihres Ahnen, des tapferen Ritters Averado, der gegen ein Ungeheuer kämpfte. Die Zahl der Kugeln war nie festgelegt; diese sechs und die Herzogskrone gehörten zu Großherzog Ferdinando I. Wenn man an einem nebligen Novembertag über den Garten blickt, sieht er besonders magisch aus (rechts).

»In Petraia«, schrieb Edith Wharton, »sind die Gärten weniger kunstvoller als in Castello …« Ursprünglich bestand der Garten, wie Utens ihn 1599 festhielt, aus drei Terrassen mit geometrischen Anlagen. Sie waren an beiden Seiten mit Obstbäumen bepflanzt; in der Mitte befanden sich Parterres; auf der unteren Terrasse Felder mit runden Lauben und boschetti *in den Ecken; auf der mittleren Terrasse stellte man riesige Vogelhäuser für die schöne Fasansammlung Großherzog Ferdinandos I. auf. Als Florenz 1865 vorübergehend Hauptstadt Italiens war, residierten König Vittorio Emanuele II. und seine zweite Frau, Gräfin Mitafiori, in der Villa und hielten sich oft im Garten auf. Sie speisten im Freien bei einer alten Steineiche, hoch oben auf einem Rondell, das heute noch an der linken Seite der oberen Terrasse steht. Vom Haus, das Edith Wharton »ein einfaches Bauwerk im altmodischen toskanischen Stil mit einem viereckigen Innenhof« nannte, ist nur noch der »sehr schöne Turm« erhalten. Auch der Garten ist fast ganz verschwunden. Eine kleine Loggia aus dem 19. Jahrhundert (gegenüber, oben und unten) ersetzt eines der Vogelhäuser. Nur die* vasca *(gegenüber, Mitte) ist noch vorhanden und kühlt die Luft an heißen Tagen.*

Auf der Terrasse der Villa Petraia schrieb Ariosto:
Wer die mit Villen besprenkelten Hügel sieht,
Möchte meinen, daß die Erde hier Türme gebar,
In reicher Fülle wie Blumen und Bäume.
Würden die verstreuten Paläste gesammelt
Hinter einer Mauer und unter einem Namen,
Nicht zwei Rom kämen ihr an Pracht wohl gleich.

Die Villa, deren Anblick Ariosto zu diesen poetischen Worten beflügelte, wurde im 14. Jahrhundert von der wohlhabenden Familie Strozzi, den Gegenspielern der Medici, erbaut; nur der Turm ist erhalten geblieben. Ihr Vorbild war der Palazzo Vecchio in Florenz, in dem die *signoria*, der Senat der Stadt tagte. Strozzi und Medici waren prominente Senatoren.

Palla Strozzi war in die Verschwörung der Albizzi gegen Cosimo den Älteren verwickelt, und nachdem dieser wieder an die Macht gelangte, beschlagnahmte er 1427 Strozzis Villa Petraia und verbannte ihn nach Padua. Die Villa wurde an die Familie Salutati verkauft, deren Mitglieder Humanisten und brillante Direktoren der Medici-Bank in Rom waren. Sie trugen viel dazu bei, den Reichtum der Medici zu mehren. 1568 kaufte Herzog Cosimo I. das Anwesen zurück und übergab es seinem Sohn Ferdinando, dem späteren Großherzog.

Buontalenti, der nach Tribolos Tod die Villa Castello und die Boboli-Gärten vollendet hatte, erhielt den Auftrag, eine neue Villa auf den Fundamenten der alten Festung zu bauen und einen Garten anzulegen. Sowohl die Villa Castello als auch die Villa Petraia wurden am Fuße des Monte Morello erbaut, ein paar hundert Meter voneinander entfernt. Eine Zeitlang verband ein Tunnel aus Steineichen beide Grundstücke. Im Gegensatz zur Villa Castello mit ihrer komplexen Symbolik und ihren Wasserspielen hatte die Villa Petraia einen sehr einfachen, geometrischen und symmetrischen Garten, anfangs ohne einen einzigen Brunnen.

Doch als Edith Wharton ihn besuchte, war der Brunnen der Venus – das Symbol von Florenz – sein *pièce de résistance*. Er wurde 1780 aus dem Garten der Villa Castello herbeigeschafft. Vor einigen Jahren entfernte man die Statue, angeblich um sie zu restaurieren; doch sie ist so wertvoll, daß man sie demnächst im Hof aufstellen wird, dessen Fresken die Geschichte der Medici preisen. Nur die lange *vasca* ist fast vollständig erhalten geblieben.

Villa Gamberaia

Edith Wharton geriet ins Schwärmen, als sie die Villa Gamberaia sah: *Sie ist wohl das vollkommenste Beispiel für die Kunst, eine große Wirkung auf kleinem Raum zu erzielen.* Und der begeisterte Sir Geoffrey Jellicoe schrieb: *Er war ein Garten mit vielen Gesichtern, verspielt, würdevoll und einfach – italienischer als die Italiener.*

Die Villa Gamberaia, von der limonaia *aus betrachtet, ist typisch für die strenge, zurückhaltende Architektur der Toskana. Prinzessin Giovanna Ghyka, nach Bernard Berenson »eine narzißtische Rumänin, die ein mysteriöses Leben führte, und vielleicht sich selbst, gewiß aber ihre wachsende Schöpfung, den Garten von Gamberaia liebte«, kaufte die Villa um die Jahrhundertwende. Der Wassergarten, ursprünglich ein Obstgarten, war eine Idee von Miss Blood, der Gefährtin der Prinzessin.*

Die Villa steht auf dem Kamm eines Hügels etwas außerhalb von Florenz. Von dort aus kann man hinunter ins Val d'Arno und auf das Dorf Settignano blicken, wo Boccaccio im 14. Jahrhundert lebte und einige berühmte Bildhauer der Renaissance geboren wurden. Die Kunst liegt wohl in der Luft; denn auch der Kunsthistoriker und Sammler Bernard Berenson kaufte dort eine Villa und blieb.

Die Villa Gamberaia war im 14. Jahrhundert ein bescheidenes Kloster für Benediktinerinnen. Ihren Namen, »Haus des Flußkrebses«, verdankt sie dem nahegelegenen See, in dem die Ortsansässigen *gamberi* fischten. 1610 ließ Zanobi di Andrea Capo die Villa erbauen; der Architekt ist unbekannt. Zanobi starb neun Jahre nach ihrer Vollendung, und die Villa ging an zwei Neffen über, die die benachbarte Villa La Doccia kauften, das Haus, das Berenson mietete, ehe er die Villa I Tatti erwarb.

Janet Ross beschrieb das Anwesen als *einen der typischsten Gärten des 17. Jahrhunderts in der Umgebung von Florenz, mit Grotten, die mit verschiedenen Muscheln und farbigem Marmor eingelegt waren, sowie Statuen, Vasen, Springbrunnen und* jeux d'eaux *aller Art.*

Bevor Prinzessin Ghyka das Anwesen erstand, wurde es viele Jahre lang als »Sommerresidenz« vermietet, und als Edith Wharton es kurz danach besuchte, schrieb sie: *Diesem düsteren Schicksal ist es zweifellos zu verdanken, daß seine Gartenanlage noch vor kurzem vollständig erhalten war.* Die Prinzessin, eine Schwester der Königin Natalie von Serbien, liebte den Garten leidenschaftlich und teilte ihn mit ihrer Gefährtin Miss Blood. Sie *pflegten ihren Garten*, schrieb Harold Acton, *wie Voltaire es in* CANDIDE *empfiehlt, ohne sich um die Außenwelt zu kümmern.* Miss Blood ist in Mary Berensons Tagebuch als Gast vermerkt; doch die Prinzessin lebte sehr zurückgezogen. Die Marquesa Origo erinnerte sich an ein seltenes Ereignis: *Gelegentlich besuchten wir den schönsten und in meinen Augen gewiß romantischsten aller Gärten, den der Villa Gamberaia, und ich spazierte herum, in der Hoffnung, einen Blick auf Prinzessin Ghyka zu erhaschen. Sie war eine berühmte Schönheit, die sich, nachdem ihre Reize verblüht waren, mit ihrer englischen Gefährtin völlig zurückgezogen hatte und sich weigerte, ihr unverschleiertes Gesicht zu zeigen. Manchmal, sagte man mir, verließ sie im Morgengrauen das Haus*

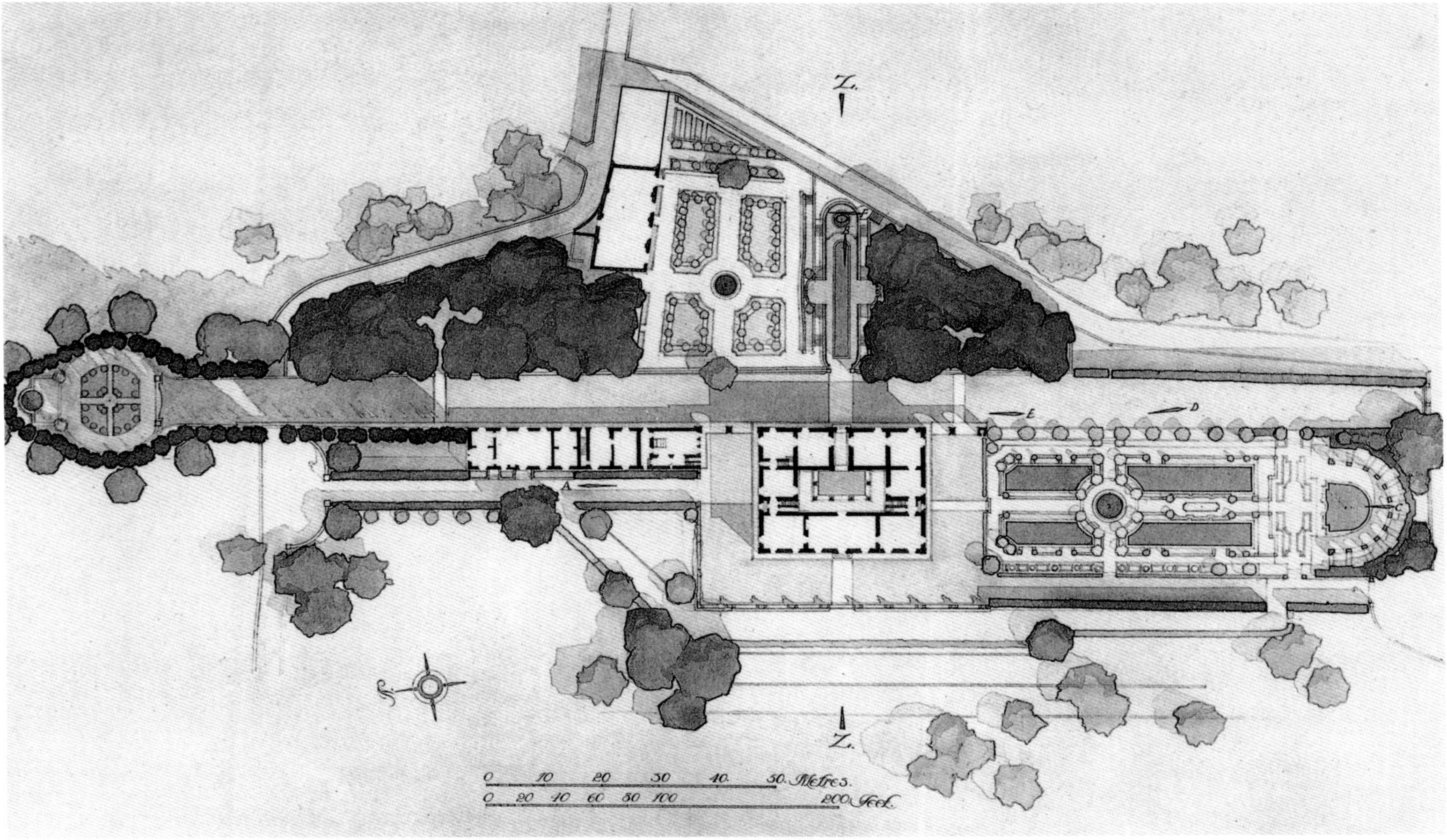

GEGENÜBER *Das* nymphaeum *am Fuße eines Berges gleicht einer Höhle – oder den Grotten der* Villa Castello *(oben). Neptun steht in der Mitte neben einem Löwen; die beiden symbolisieren Florenz. Musiker zieren die Wände. Steinerne Hunde und Löwen waren auf den Brunnen alter florentinischer Gärten oft zu sehen. Hier sitzt einer der »feierlich aussehenden steinernen Hunde«, die Edith Wharton erwähnte (Mitte). Am Ende des Gartens befindet sich eine Exedra aus beschnittenen Zypressen, die Prinzessin Ghyka pflanzte (unten). Der derzeitige Eigentümer, Marchello Marchi hat bogenförmige Öffnungen in die Äste schneiden lassen, um die Aussicht zu verbessern. Er kaufte das Anwesen, das im Zweiten Weltkrieg stark beschädigt wurde, vom Vatikan.*

OBEN *Dieser Plan der Villa Gamberaia aus* ITALIAN GARDENS OF THE RENAISSANCE *von Sir Geoffrey Jellicoe zeigt sowohl den Wassergarten und die Zypressenexedra ganz rechts als auch das* nymphaeum *links. Die gesamte Anlage fügt sich harmonisch in die Landschaft ein und ist insofern, wie Jellicoe hervorhebt »in der westlichen Welt am besten durchdacht«. Edith Wharton fand den Garten »klein, aber eindrucksvoll«. Sein Plan »vereinigt auf erstaunlich kleinem Raum, doch ohne im geringsten überladen zu wirken, fast alle typischen Vorzüge des alten italienischen Gartens: viel Sonnenlicht und Luft um das Haus herum, reichlich Wasser, tiefer Schatten, geschützte Wege mit Aussichtspunkten, unterschiedliche Effekte als Folge der geschickt angelegten Ebenen und schließlich eine breite und einfache Komposition«.*

und badete in den Teichen des Wassergartens, oder sie ging abends auf der Zypressenallee spazieren. Doch alles, was ich je sah ... war eine verschleierte Gestalt an einem der oberen Fenster. Wenn die Prinzessin anwesend war, durfte niemand den Garten besuchen, und selbst wenn sie außer Haus war, mußte man mit ihrem Agenten in Florenz einen Termin vereinbaren. Das tat wahrscheinlich auch Vernon Lee, die Edith Wharton auch nach La Doccia begleitete, wo sie zum erstenmal den Berensons begegnete. Prinzessin Ghyka ließ aus dem großen Parterre im Süden der Villa einen Wassergarten machen. *Dieser Garten*, erklärte Edith Wharton, *ein längliches Grundstück, hatte vor einigen Jahren in der Mitte einen runden Fischteich, umgeben von symmetrischen Rosen- und Gemüsebeeten, und seine Anlage hatte sich seit dem Bau der Villa wahrscheinlich kaum verändert. Kürzlich wurde er nach einem ausgeklügelten Plan umgestaltet, der den Nachteil hat, nicht zur Umgebung zu passen; zum Glück hat man jedoch auf weitere Veränderungen der Anlage und der Bepflanzung verzichtet.*

Der Garten verfügte über die wichtigsten Elemente eines Renaissancegartens – eine Grotte, einen *tapis vert* (oder Boccia-Rasen), ein *nymphaeum*, einen *bosco*, eine *limonaia*-, die so meisterhaft angeordnet waren wie die Teile eines chinesischen Puzzles. Die gesamten 1,4 Hektar waren von einer Steinmauer umgeben, die entsprechend der Tradition von Brüstungen unterbrochen wurde. *Ästhetische Aspekte wurden berücksichtigt, und die Künstler, die*

den Kontrast zwischen diesen ästhetischen Eindrücken so eingehend studierten wie den zwischen dunklen Zypressen und hellen Zitronenbäumen oder zwischen tiefem Schatten und Sonnenlicht, wußten um die Wirkung des Übergangs vom sonnigen Obstgarten in das dichte Wäldchen, von dort zum Platz mit der weiten Aussicht und zurück in die Abgeschiedenheit des Laubenganges oder der kühlen, bemoosten Grotte. Für Edith Wharton war die Villa Gamberaia in vielerlei Hinsicht ein exemplarischer Garten: *Der wahre Wert der alten italienischen Gartenanlage besteht darin, daß sie Logik und Schönheit vereinigt, so wie es bei jedem ordentlichen Bauwerk der Fall sein sollte.*

OBEN *Die tiefstehende Sonne wirft lange Schatten auf den* tapis vert *und läßt eine vor Leben sprühende Azalee im* bosco *erstrahlen.*

GANZ LINKS *Edith Wharton pries »den langen, grasigen Weg, flankiert … von hohen Hecken … Diese Rasenstücke befinden sich immer in der Nähe des Hauses, wo man sie voll genießen kann, und liegen wie Juwelen zwischen beschnittenen Hecken oder Mauern, die mit Statuen gekrönt sind.« Der Rasen endet »an einer Brüstung, an der man zum Arno hinab und über die Berge an der Südseite des Tals schaut« (links).*

Gärten bei Siena

Das Familienemblem der Chigi wacht auf der untersten Terrasse der Villa Vicobello über die mittelalterliche Stadt Siena (links). Die Chigi waren in Siena ebenso bedeutend wie die Medici in Florenz, und wie diese bauten sie viele Villen in der Hügellandschaft der Toskana. In den Monaten der villeggiatura *weilten sie in den Olivenhainen und Weingärten, um der Hitze zu entfliehen und die Ernte einzubringen. Ihr Lieblingsmaler und -architekt war der brillante, in Siena geborene Baldassare Peruzzi (gegenüber), der zahlreiche Villen für die Chigi entwarf. Des Architekten Einfluß überdauerte seinen Tod, und im 17. Jahrhundert nutzten die Chigi den Stil Peruzzis, um ein großes Bauernhaus bei Sovicille in eine der glanzvollsten Villen der Toskana zu verwandeln: in die Villa Cetinale (vorige Seiten).*

W*er wissen möchte, wie ein alter toskanischer Garten aussah, muß die Umgebung der kleineren Städte absuchen. In der Gegend von Siena gibt es mehr bemerkenswerte Beispiele als im ganzen Umkreis der florentinischen Berge,* schrieb Edith Wharton, nachdem sie eine Rundreise zu diesen Gärten unternommen hatte, die sie mehrere Jahre später mit Vernon Lee noch einmal besuchte. Von den drei Villen, deren Gärten heute noch erhalten sind, haben die Handelsfürsten der Familie Chigi zwei gebaut. Vicobello entwarf der Architekt Baldassare Peruzzi aus Siena, der so viel für die Chigi arbeitete, daß Carlo Fontana, der hundert Jahre später die Villa Cetinale erbaute, die Familientradition respektierte und die charakteristische Peruzzi-Villa zum Vorbild nahm.

Die Chigi waren einflußreiche Bankiers, vergleichbar mit den Medici in Florenz. Ihr vornehmster Kunstmäzen war Agostino Chigi, der durch Handel zu sagenhaftem Reichtum gelangt und Schatzmeister von Papst Julius II. war. Als Peruzzi Volte Alte, seine erste Villa für die Chigi, errichtet hatte, wurde Agostino auf ihn aufmerksam, und er beauftragte ihn, seine berühmte Villa Farnesina am Tiber zu entwerfen, in der er den Medici-Papst Leo X. so lange umschmeichelte, bis dieser den Medici das lukrative Monopol auf die Alaunminen entzog und es den Chigi übertrug. Vielleicht war dies der Grund dafür, daß Herzog Cosimo I. seine Gartenprojekte von Castello und Boboli eine Weile ruhen ließ und 1554–55 Siena belagerte; mehr als die Hälfte der Bevölkerung mußte sterben. Danach war das »konservative Siena« nur mehr ein Vorposten von Florenz. *In Siena,* schrieb Henry James, *ist alles sienesisch … Andere Städte mögen ebenso schläfrig oder antiquiert sein; doch nur wenige sind es auf einer so großen Fläche.*

Auch die kleineren Bauten sind von der Aura der Vergangenheit umgeben. Edith Wharton fand den Garten der Villa Gori, angelegt 1620, *in mancher Hinsicht typisch sienesisch … in anderer Hinsicht einzigartig in Italien.* Fasziniert beschrieb sie diese zwei *antiken Laubengänge aus Steineichen,* die von der Villa wegführten. *Der alte Tunnel aus knorrigen, ineinander verschlungenen Bäumen, der den heißesten Sommermittag über im grünen Dämmerlicht liegt, erstreckt sich einige hundert Fuß entlang einer Bodenwelle und endet in einer Art runden Bühne … In der Mitte dieses Rondells befindet sich eine Lichtung. Vier schmale Pfade gehen von ihr aus, bepflanzt mit Steineichen und Zypressen, die man auf die Größe von Sträuchern gestutzt hat. Auf diesen Zwergbäumen werden geblendete Drosseln als Lockvögel für ihre wilden Artgenossen festgebunden, die man von der Lichtung oder von Seitenwegen aus abschießt. Diese kunstvolle Anlage ist ein sehr gut erhaltenes Exemplar jener Vogelfallen, die leider in diesem Teil Italiens einst sehr verbreitet waren.*

Ein zweiter Laubengang führte zu *einem kleinen Freilichttheater, dem größten Kuriosum der Villa Gori.* Dort hörte Vernon Lee *eine ausgewachsene Nachtigall auf der einzelnen Zypresse singen, die wie ein Obelisk über die Bühne ragte.* Nach dem Gepränge der Medici-Gärten war Edith Wharton von der Einfachheit des kleinen Theaters im Grünen entzückt: *Eine bloße Beschreibung … wird dem Charme dieses exquisiten kleinen Theaters nicht gerecht, das man im mysteriösen Dämmerlicht des langen Laubengangs erreicht. Unter seinem Dach aus blauem Himmel liegt es schweigend in der Sonne, umgeben von immergrüner Flora. Die Phantasie bevölkert die gedankliche Bühne mit Gestalten aus dem Wald und die Sitzreihen mit vornehmen Damen in Samt und Perlen, nebst ihren Kavalieren im schwarzen spanischen Gewand mit fallendem Spitzenkragen, das Van Dyck in seinen Genueser Porträts unsterblich gemacht hat. Die Erinnerung an diese belaubte Bühne erfüllt die Lesung der italienischen Pastorale mit neuem Leben und wirft ein helleres Sonnenlicht auf die im Wald spielenden Komödien Shakespeares.*

LINKS *Das Bild von Maxfield Parrish zeigt einen dieser beiden Laubengänge, der zur* ragnaia *führte, über die Vernon Lee schrieb: »So fröhlich die überkuppelten grünen Pfade von außen auch wirken mögen, dieser Tunnel mit dem dunklen, mörderischen Lockvogelbaum entpuppt sich als viel schwärzer, knorriger und durch und durch verrucht ... und hier hört man ohne Zweifel nur die Rufe der geblendeten Lockvögel in ihren kleinen Käfigen und das Kreischen der im Netz klebenden Opfer.«*

GEGENÜBER *Der andere Tunnel mündete nach Vernon Lee in »ein einzigartig vollkommenes Freilichttheater, dessen Bühne und Orchestra sowie Seitenkulissen aus beschnittenen Zypressen als lebhaftes, goldenes Grün im Sonnenschein am Ende der Dunkelheit stehen. Das Theater ist recht klein, und die Stimmen sind sehr gut zu vernehmen.« Edith Wharton fügte einige Details hinzu: »Das Parkett dieses Theaters ist halbkreisförmig angelegt, begrenzt von einer niedrigen Mauer oder Sitzfläche, hinter der eine hohe Hecke aus Steineichen wächst. Es ist mit kunstvollen Arabesken aus Rasen und Kies verziert, über der sich die Bühne etwa einen Meter hoch erhebt. Parkett und Bühne sind von einer doppelten Hecke aus Steineichen umschlossen, so daß die Schauspieler unbemerkt die Kulissen erreichen können. Das Bühnenbild besteht aus Reihen von beschnittenen Zypressen, von denen jede den Baum vor ihr ein wenig überragt, so daß eine perspektivische Flucht hinauf zur Rückseite der Bühne entsteht. Den Abschluß bildet eine einzelne Zypresse, die genau in der Mitte hoch in den blauen Himmel ragt.«*

Vicobello

Hochwürdigster Herr, beginnt ein Brief, den der Biograph Peruzzis von einem Nachkommen des Malers im Jahre 1915 erhielt. *Baldassare Peruzzi wurde zu Ancaiano geboren, und dort steht heute noch ein alter Turm, wo er der Überlieferung zufolge lebte. Die örtliche Kirche ist nicht das Werk Peruzzis, sondern Fontanas, der 1667 auch die Villa Cetinale der Familie Chigi entwarf. Die Villa Vico Bello (bei Siena), die immer im Besitz der Chigi war, wurde nach Entwürfen Peruzzis gebaut. Grüße von Ihrem Freund Cesare Peruzzi, Tabakhändler.*

Peruzzi war einer der bedeutendsten Künstler der Renaissance – Architekt, Maler und Bühnenbildner zugleich. Man schreibt ihm die Erfindung der beweglichen Kulissen zu, und er ist berühmt für seine Liebe zur mittelalterlichen Baukunst. Er war ein Meister der Perspektive und der *quadratura*. Während der Plünderung Roms im Jahre 1527 warfen die Spanier ihn ins Gefängnis und folterten ihn, und er kehrte, wie Vasari berichtete, *nur mit seinem Hemd* nach Siena zurück. Er war Aufseher über die Befestigungen der Stadt und erhielt mehrere Aufträge von der Familie Chigi, darunter auch Vicobello, das er zwischen 1528 und 1531 entwarf, ehe er nach Rom zurückkehrte, um sein letztes großes Werk, den Palazzo Massimo alle Colonne zu errichten.

Harold Acton nannte ihn den *Architekten der Architekten*, und Sir Geoffrey reihte ihn gleich hinter Vignola ein, was *Feingefühl und Vornehmheit* betrifft. Heute ist von Peruzzis Garten nur noch der Plan erhalten. Vicobello liegt auf dem Kamm eines Berges mit Aussicht auf Siena. Villa und Garten versinnbildlichen das Wappen der Chigi: eine Pyramide – sie stellt entweder Goldbarren als Symbol der finanziellen Macht oder die Berge von Siena dar -, gekrönt von einem Stern. Eine Reihe von Gartenterrassen führt wie eine Pyramide nach oben, und ihre Krone verkörpert, anstelle des Sterns, die Villa. Das Chigi-Wappen erscheint überall im Garten, aus Buchsbäumen oder Steinen geformt. Peruzzi war auch für seinen sparsamen Materialverbrauch – Ziegel und unbehauene Steine – sowie seine *vielen bezaubernden architektonischen Effekte* bekannt. Die Villa wird an einer Seite vom Steineichen-*bosco* flankiert, den Edith Wharton als *unentbehrliches Anhängsel des italienischen Landhauses* bezeichnete. An der anderen Seite befindet sich der obere Garten. In seiner *limonaia* überwintern die schweren Töpfe der Zitronen- und Orangenbäume, die von Mai

VORIGE SEITEN *Vom Garten sind nur die Terrassen übriggeblieben. Die Mauern bestehen zwar nicht mehr aus den ursprünglichen Steinen, sind aber Peruzzi nachempfunden. Die geometrischen Beete und der Laubengang sind verschwunden.*
Als man den Garten im 19. Jahrhundert romantisierte, fügte man auf der untersten Terrasse aufsehenerregende Beete, einen exotischen Bambushain und den Ginkgobaum (er gehört zu den größten Exemplaren in Europa) hinzu.
Der halbkreisförmige Fischteich beim Belvedere wird den charakteristischen Werken Peruzzis zugeschrieben (links).
Der Blick auf Villa und Garten zeigt Peruzzis schlichten toskanischen Stil (rechts oben). Edith Wharton war entzückt über Details wie den kleinen Brunnen auf der mittleren Terrasse (rechts, Mitte). Eine andere Terrasse (rechts unten) war einst mit geschnittenen Steineichen bepflanzt. Heute wachsen dort Buchsbäume und eine riesige Zeder.

RECHTS UND GEGENÜBER
Der Eingang zum bosco *zeigt, wie gelungen Peruzzi altes Material, zum Beispiel Ziegel und Steine, nutzte und umgestaltete.*

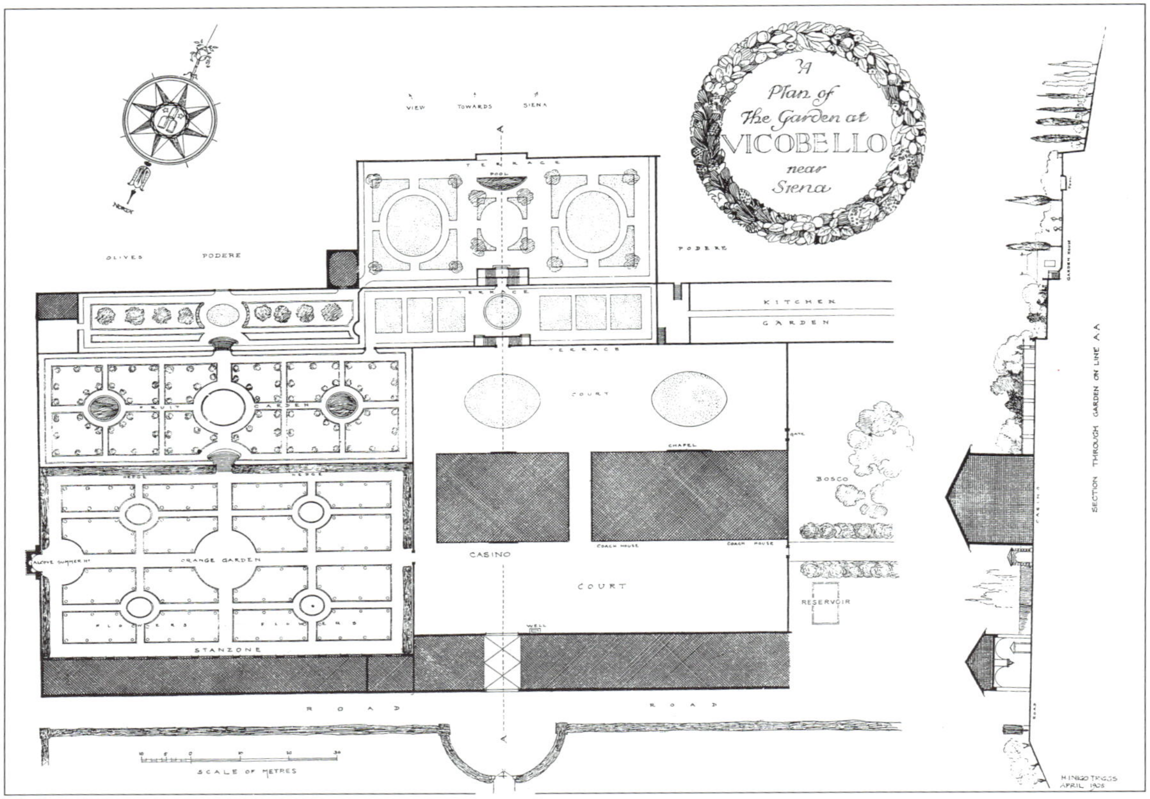

bis November im Buchsbaumparterre ausgestellt werden. Sie sind heute die größte Sehenswürdigkeit des Gartens, und man genießt ihren Anblick am besten im *charmanten Gartenhaus am Ende des Weges*. Unmittelbar unterhalb des Hauses liegt der Obstgarten, und auf der darunterliegenden Terrasse ragt eine große Zeder empor. Die gesamte Bepflanzung wurde mehrere Male geändert. Die heutige Anlage hat die Terrassen ersetzt, die Edith Wharton noch im *dichten Schatten* sah. Dort wuchsen damals *kantig beschnittene Steineichen in geraden Reihen, die so typisch für die Gärten Sienas sind*. Unten befanden sich *ein ebener Rasen (vielleicht ein altes Boccia-Feld)* und die ebenfalls übliche *ragnaia* mit den Vogelfallen.

OBEN *Inigo Triggs zeichnete 1905 diesen Garten-Plan und beschrieb die Anlage als »elf Terrassen, die mit langen Reihen von eckig beschnittenen Steineichen bepflanzt sind und zu einer Wiese oder* ragnaia *am Fuße des Berges hinabführen, wo früher die jungen Kavaliere Vögel fingen«. Er erwähnte ferner eine Kapelle, einen Wagenschuppen und einen Orangengarten, den an einer Seite eine* limonaia, *an der anderen dichte Hecken aus Zypressen und Lorbeerbäumen säumten. Der Hauptweg endete am Gartenhaus, hier durch den Stern des Chigi-Wappens gesehen (rechts).*

Die tiefe Wintersonne dringt durch das Steinfenster der limonaia *und wirft Schatten auf den Naturboden und die Terrakottatöpfe mit dem Chigi-Wappen (rechts unten). Wenn es etwas gibt, das den italienischen Garten symbolisiert, dann ist es weder ein plätschernder Brunnen noch eine Buchsbaumallee oder eine Statue, sondern ein Zitronenbaum in einem alten Topf. Es ist erstaunlich, wie sehr die Italiener diese Früchte schätzen, die schon lange kein Vermögen mehr wert sind. Um die* limonaia *von Vicobello kümmert sich Sergio, ein alter Gärtner, der darin Feldmäuse zähmt und füttert, um Gesellschaft zu haben. Acht Männer sind erforderlich, um einen 204 Kilogramm schweren Topf aus seinem Winterquartier zu tragen, und zwar immer noch auf die alte Art: mit Stricken, Flaschenzug und Holzkarren. Die Zitronenbäume verlassen die* limonaia *am 1. Mai und kehren Anfang November zurück.*

Villa Cetinale

»Die Villa Cetinale ist so bezaubernd«, schrieb Edith Wharton begeistert. Lord Lambton und Claire Ward haben sie vor ein paar Jahren vollständig restauriert. Zwei Statuen, die den Frühling und den Sommer darstellen, wachen heute über den Zitronengarten. »Cetinales Glanzstück«, schrieb Edith Wharton, »ist ihr Park. Hinter der Villa führt ein langer, grasiger Weg … zwischen hohen Mauern zu einem phantastischen Tor« (links) aus zwei Ziegelpfeilern, deren Nischen fast zu klein sind für die Krieger (Dakier) aus dem 15. Jahrhundert, deren Vorbild die Trajanssäule in Rom war. Der tapis vert *führt zur Kreuzung der* scala santa *und dem* romitorio *auf der Hügelkuppe sowie zu einem Pfad, auf dem man zum Heiligen Wald gelangt. Dank eines perspektivischen Tricks erscheint der Anstieg vom Zitronengarten aus länger und steiler, als er ist.*

OBEN *Alle Statuen im Garten der Villa schuf Giuseppe Mazzuoli im Auftrag von Kardinal Flavio Chigi. Zusammen mit Glyzinien und Zitronenbäumen schmücken sie die Mauerbrüstung.*

GEGENÜBER *Claire Ward hat den alten Kräutergarten restauriert, den die englische Gattin eines Chigi um 1900 anlegte. Die eisernen Bögen, die zwischen Unkraut rosten, sind original und tragen nun Reben und Kletterrosen. Florentinische Iris und Baldrian, in Italien sehr verbreitet, breiten sich im Frühling über den Weg aus, und die urenglische Bartnelke blüht im Sommer üppig. Girlanden aus ineinander verflochtenen Zitronenbäumen und Lilien in Töpfen bilden einen dekorativen Winkel (ganz rechts).*

Zwischen Ancaiano und Celsa steht ebenfalls eine Villa, die für einen Chigi erbaut wurde: Die Villa Cetinale. Sie wurde von Carlo Fontana entworfen, der auch auf der Isola Bella tätig war, und 1680, fast 150 Jahre nach Peruzzis Tod, vollendet. Vielleicht um Peruzzis Genie und seine Verbindung zu den Chigi zu würdigen, übernahm Fontana den rechteckigen Grundriß mit Flügeln, den auch die Villa Farnesina in Rom aufweist; Perruzzis schönster Chigi-Bau. Er stellte die Villa in die Mitte einer fünf Kilometer langen Achse, die in eine Herkulesstatue sowie am anderen Ende in ein *romitorio* (Einsiedelei) mündete. Gedacht als Hommage an Peruzzi, paßte diese einfache Anlage vortrefflich zum landwirtschaftlichen Charakter des Anwesens. Kaum etwas hat sich seit Edith Whartons Besuch verändert: *Die Olivenhaine und Maisfelder des Hofes reichen bis zu der Mauer des Weges, und der Wald blieb der Natur überlassen. Fontana ... war so klug, den Vorteil zu nutzen, den der große Wald aus Eichen und Steineichen bietet, der diesen Teil des Landes bedeckt, und zu erkennen, daß nur die breitesten und einfachsten Linien mit einem so edlen Hintergrund harmonieren.*

Die Villa – ursprünglich ein bescheidenes Bauernhaus – wurde für Kardinal Flavio Chigi, den Neffen von Papst Alexander VII., errichtet, dieser wiederum ein Jugendfreund von Kardinal Barbarigo, welcher der Erbauer von Valsanzibio war.

Kardinal Flavio Chigi wohnte etwa zehn Jahre in Quattro Fontane, einem römischen Sommerhaus, ehe er Cetinale erbaute. An der Rückseite des Anwesens, in einem Hain aus Lorbeerbäumen und Steineichen, den er Thebaid nannte, ließ er ein *romitorio* mit Fresken, die Eremiten zeigen, errichten. Edith Wharton geht darauf in ihrer Abhandlung WHAT THE HERMITS SAW in ITALIAN BACKGROUNDS ein. Kardinal Chigi hatte den Bildhauer Fontana außerdem mit der Gestaltung von Tierfiguren – Drachen, Löwen und eine Schildkröte – aus *peperino* (porösem Stein) beauftragt. Als er das Bauernhaus Cetinale in eine Villa umwandelte, nahm er diese Statuen aus Rom mit und stellte sie in sein neues Thebaid im Steineichenwald. Die Idee des Thebaids stammt ursprünglich von den ägyptischen Priestern in Theben, die, wie Edith Wharton bemerkte, *in die Wüste gingen, um der Trostlosigkeit des Landes und der Verruchtheit der Stadt zu entfliehen* und *in der glühenden Einsamkeit Ägyptens und Kleinasiens Zuflucht suchten.* Petrarca

hatte diese Idee mit der Neuinterpretation des römischen *otium* wieder aufgegriffen. *Die nachgebauten Einsiedeleien oder entsprechenden Fresken erinnerten an den traditionellen Reiz des abgeschiedenen Lebens; man findet sie im Park eines jeden Edelmannes.* Nur wenige Skulpturen sowie die Votivkapellen und die Statuen der büßenden Mönche und Heiligen sind erhalten geblieben; doch wenn man auf den gewundenen Pfaden spaziert, ist die Atmosphäre überaus feierlich.

Die Legende berichtet, daß der *romitorio*, das Thebaid und die *scala santa* der Buße dienten. Man erzählt nämlich, Kardinal Chigi habe, von Ehrgeiz zerfressen, einen Nebenbuhler, ebenfalls Kardinal, umgebracht und danach die Treppe errichten lassen, die er auf Knien rutschend bestiegen habe, um Vergebung zu erlangen. Lord Lambton bestreitet dies und behauptet, der Garten sei vor allem ein Lustgarten gewesen. Man kann den Gang durch den Garten auch als Reise betrachten, die von den irdischen Freuden des maskulinen Herkules am unteren Ende steil nach oben zum *romitorio* führt, also näher zu Gott.

OBEN *Der* romitorio, *von Fontana entworfen, wurde erst 1713 gebaut. An der Fassade ist ein lothringisches Kreuz zu sehen. Im Inneren befinden sich Skulpturen von Jesus und den vier Evangelisten. Bis Ende des 19. Jahrhunderts lebten hier zwölf Mönche.*

UNTEN *Eine der Dakier-Statuen in einer Nische im Torbogen.*

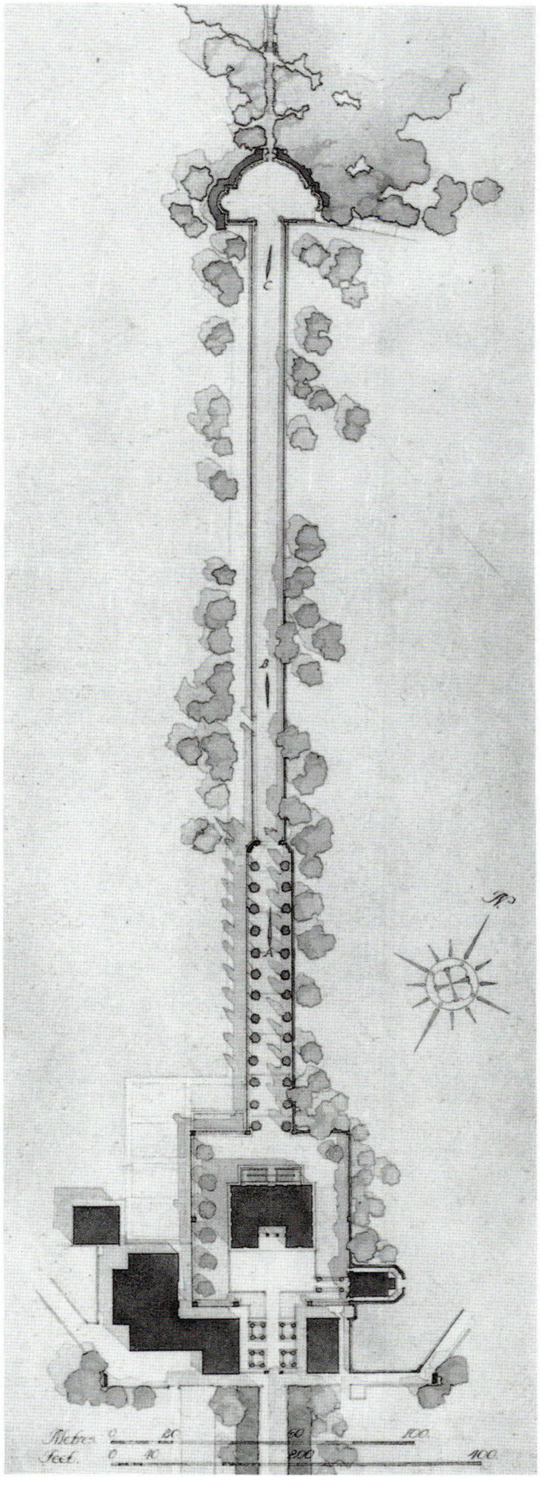

GEGENÜBER *Blick vom* romitorio *auf die Rückseite der Villa mit »ihrer stattlichen doppelten Treppenflucht, die in den ersten Stock führt, und ihrem monumentalen Eingang zum zentralen Salon … Alle Wohnzimmer befinden sich in den oberen Stockwerken. Dies verrät die Hand eines römischen Architekten.«*

LINKS *Die Achse vom* romitorio *zur Villa – eine Zeichnung aus Sir Geoffrey Jellicoes* ITALIAN GARDENS *– erinnert an Sir Harold Actons Zitat eines berühmten Mathematikers, »welcher der Meinung ist, nichts sei schöner als eine Gerade«.*

RECHTS *Die sakralen Fresken am Eingang des Thebaids täuschen darüber hinweg, daß das berühmte sienesische Pferderennen, der Palio, hier zwischen 1690 und 1710 sechzehnmal ausgetragen wurde, weil in der Stadt Aufruhr herrschte (oben). Auf den Sockeln standen nicht nur Einsiedler: Lord Lambton erfuhr von den Chigi, daß man sie bisweilen mit bemalten nackten Frauen schmückte, die, wenn Kardinal Chigi in die Hände klatschte, aufsprangen und ihm beim Essen Gesellschaft leisteten (unten). Der steinerne Drachen stammt aus dem Garten der Villa Quattro Fontane in Rom (Mitte).*

Gärten bei Rom

Die Geschichte der großen römischen Renaissancegärten ist die einer Bewegung, die *bewußt zurück zur Pracht des alten, patrizischen Lebens* strebte, indem sie den Geist und den Glanz des alten Rom wiederbelebte. *Es begann*, schrieb Edith Wharton, *als die mittelalterliche Welt allmählich aus ihrer Lethargie erwachte und ihr verstreutes Erbe an künstlerischen Traditionen einsammelte.* Die Folge waren zahllose Abhandlungen über die Ruinen des alten Rom und seine klassische Literatur und Mythologie. Man erwarb Statuen und Kunstwerke, als setze der Besitz einen Teil ihres Ruhmes frei.

Das alte Rom, das in den Gärten der Renaissance auf so atemberaubende Weise neu erfunden wurde, gründete zum größten Teil auf Ideen, die ihren Ursprung im alten Griechenland hatten und nun neu interpretiert wurden. Petrarca ließ sich als erster davon inspirieren. 1350 schuf er in seiner bescheidenen Villa in der Provence einen allegorischen Garten nebst Einsiedelei, der zum Vorbild für alle großartigen Parkanlagen Roms wurde.

Anders als Dante und Boccaccio, die sich nur in Gesellschaft wohl fühlten, verließ Petrarca *die Stätten der Menschen und die übervölkerten Städte*, und zog sich in die Provence zurück, um *in den Wäldern, meinen Freunden* zu leben. Er erweckte Plinius' Idee vom *otium*, dem mit philosophischen Betrachtungen, Studien und künstlerischer Kreativität verbundenen Müßiggang, zu neuem Leben. *Ich bebaue nicht mein Land, sondern meinen Geist und schreibe allerlei Abhandlungen.* Er identifizierte seine Einsiedelei mit dem mythischen Berg Parnaß und die Quelle des Flusses Sorgue in seiner nahegelegenen Grotte mit der heiligen Quelle Castalia. Der Parnaß war die Heimat Apollos und seiner Gefährtinnen, der Musen sowie Göttinnen der Künste und Wissenschaften, und Castalia galt als die Quelle aller künstlerischen Kreativität und intellektuellen Leistung. Die Musen waren ursprünglich Nymphen, die in Höhlen und Grotten lebten. Diese Allegorie beflügelte die Architekten und wurde zum wichtigsten Merkmal des Renaissancegartens.

Petrarcas Klause bestand aus zwei Gärten. Der eine war Apollo, dem Gott der Vernunft, geweiht; den anderen nannte man Garten des Bacchus, eine Personifikation der Leidenschaft und Gefühle. Dies entsprach der Vorstellung, die man in der Renaissance vom Menschen hatte: Er wurde durch sein Denken und Handeln bestimmt. Diese Dualität bildete den symbolischen Eckstein des Gartens; der Parnaß spiegelte das Denken wider, die Taten des Herkules das Handeln.

Petrarca hat den Garten von seiner Aufgabe als ausschließlicher Lieferant von Heilkräutern und Nahrungsmitteln entbunden und ihn ins Reich der Ideen und Mythologie erhoben. Nachdem die Päpste 1377 von Avignon nach Rom zurückgekehrt waren und die Kirchenspaltung 1417 überwunden worden war, gewann die Kirche wieder an Macht. Die Vorstellung vom allegorischen Garten fesselte die Phantasie reicher Familien, aber auch machtbesessener Päpste und Kardinäle. Sie nahmen Petrarcas Idee von der erbaulichen Einsiedelei auf und schufen Gärten, die monumentale Kunstwerke waren.

Von den Gemächern des Kardinals aus fällt der Blick auf den Campanile von Tivoli, wo einst der Tempel des Herkules stand (vorige Seiten). Der Sage nach hielt der Held hier seine Grabrede. »Ich schlafe und lausche dabei dem liebkosenden Wasser.« Die Nymphe und ihre Quelle symbolisieren den mysteriösen Lebensgeist, den die Römer in einem neuen goldenen Zeitalter hervorbringen wollten, indem sie die Erinnerung an die Klassik wiederbelebten (oben). Am höchsten Punkt des Gartens der Villa Medici oberhalb von Rom wurde der Parnaß als kleiner, von Zypressen umgebener Berg mit Grotte neu erschaffen (rechts).

OBEN *Prospero Fontanas Fresko im Castel Sant' Angelo zeigt den Belvedere, wie er Mitte des 16. Jahrhunderts aussah. »Einen der ersten Gärten, von denen eine Beschreibung überliefert ist, legte Bramante in den letzten Jahren des 15. Jahrhunderts im Vatikan an«, schrieb Edith Wharton. »Diesen Terrassengarten mit seiner monumentalen Doppeltreppe, die über drei Ebenen hinauf zum Giardino delle pigna führt, beschrieb der venezianische Botschafter zu Rom im Jahr 1523. Er erwähnte seine Rasenparterres und Brunnen, seine Hecken aus Lorbeer und Zypressen, seine Maulbeeren und Rosen. Eine Hälfte des Gartens, der ›Belvedere‹, bestand aus gepflasterten Wegen zwischen Reihen von Orangenbäumen. In seiner Mitte standen Statuen des Nils und Tibers auf einem Brunnen, umringt von den Nischenfiguren des Apoll und Laokoon sowie der Venus.«*

GEGENÜBER *»Die Villa Pamphili war einzigartig, was die Schönheit des Grundstücks, ihre großzügige Anlage und den Reichtum ihrer römischen Skulpturen angeht«, schrieb Edith Wharton. »Ihre unvergleichlichen Alleen aus Steineichen, die Kiefernwälder, die Wiesen und der weite Blick über die campagna haben viele bezaubert, denen ihre architektonische Schönheit nicht gefällt.«*

Diese Bewegung begann im Vatikan. Ein Jahr nachdem Kardinal Giuliano della Rovere zum Papst Julius II. gewählt worden war, beauftragte er den Architekten Donato Bramante, den Belvedere am Steilhang des vatikanischen Hügels zu entwerfen.

Die Anlage bestand aus drei Terrassen, die durch Treppen miteinander verbunden waren, um so das Niveau des unterhalb liegenden Palastes zu erreichen. Auf der obersten Terrasse legte Bramante einen Statuenhof an, der zum Freilichtmuseum für die Kunstwerke des Papstes wurde. Die Nischenfiguren der Venus und der Kleopatra, des Laokoon und des Apoll standen in einem duftenden Garten mit goldenen Zitrusfrüchten. Eine große Statue des Commodus in Gestalt des Herkules setzte den Garten mit den goldenen Äpfeln der Hesperiden in Beziehung, die Herkules unter den Augen eines Drachens raubte, um seinen zwölften Auftrag zu erfüllen. So wurde der Held in die Ikonographie des Gartens miteinbezogen. Neu war auch eine kleine Loggia in einem Zypressenwäldchen, die 1523 erbaut wurde und als *otium* gedacht war – als Ort der Erbauung fern der Gesellschaft. Der Architekt Pirro

Ligorio mußte sie abreißen, um Platz für das Archiv zu schaffen; aber ab 1558 ließ er sie auf Geheiß des Papstes Pius IV. nur hundert Meter vom Belvedere entfernt, als Casino di Pio IV. wieder aufbauen. Diese Villa, eine Art Salon im Freien, wurde zum geheimen Schlupfwinkel für Päpste und Kardinäle. Im geschlossenen, ovalen Hof konnten die geistlichen Würdenträger im Freien speisen oder kontemplieren, erquickt vom plätschernden Springbrunnen. Für Edith Wharton war das Casino di Pio der *Tagtraum eines Künstlers, dessen Geist mit Vergangenheit gesättigt ist*, und sie zitierte Burckhardt, der ihn als *vollkommenen Ort der Ruhe an einem Nachmittag im Hochsommer* bezeichnete.

Als die Kardinäle in der zweiten Hälfte des 16. Jahrhunderts in Rom ihre Gärten anlegten, ließen sie sich von den Humanisten, Archäologen und Baumeistern am Hof beraten und kopierten unverhohlen Pläne und Schriften von Bramante, Plinius und Petrarca, die sie auf möglichst pompöse Weise abwandelten.

Die römische Liebesaffäre mit der ruhmreichen Vergangenheit und das Streben nach persönlicher Ehre prägten das 16. Jahrhundert. Erst im 17. Jahrhundert setzte mit dem Barock wieder ein gesteigertes Interesse an der Natur ein. Der bedeutungsschwere, mit Details angefüllte Renaissancegarten wich allmählich der Landschaftsgestaltung. Eines der schönsten Beispiele hierfür ist der Garten der Villa Doria-Pamphili.

Villa d'Este

»Das allgegenwärtige Rauschen des Wassers macht den besonderen Charakter der Villa d'Este aus«, schrieb Edith Wharton. Das wird nirgendwo deutlicher als am Orgelbrunnen (ganz links und oben). Er galt als das Wunder seiner Zeit, denn er spielte ohne menschliches Zutun. »Um ihn noch geheimnisvoller zu machen«, bemerkte Nicolas Audebert 1576, »dürfen Besucher den Mechanismus nicht sehen.« Wenn die äolische Kammer sich mit Wasser füllte, stieg der Luftdruck und das Wasser drehte ein Rad mit einer Partitur. Die musikalische Stimme der tiburtinischen Sibylle, deren Sagen und Prophezeiungen das Hauptthema des Gartens sind, hatte ein Repertoire von fünf Tönen. Sie kündigte die apokalyptische Flut an, der sogleich die Sintflut folgte, ausgelöst von einer gewaltigen Wassermenge. Die Fassade des oberen Brunnenteils bestand aus Marmor, Glas, Gold und einem Spiegelmosaik.

Die vielbrüstige Diana von Ephesus stand ursprünglich in der Mitte des Orgelbrunnens (links). Kardinal Alessandro d'Este ließ sie 1611 entfernen und an ihrer Stelle einen tempietto *errichten, um die Orgel zu schützen. Jetzt steht die Statue auf einem anderen Platz. Niccolò Tribolo schickte erstmals eine Kopie dieser Figur an König Franz I. von Frankreich für die Schloßanlage von Fontainebleau, wo sie wahrscheinlich Kardinal Ippolito II. d'Este sah und für seinen Garten bestellte. In der Stützmauer unter der Statue befand sich früher die Grotte der Diana, in deren unterirdischer Höhle die Botschaft der Göttin widerhallte, so daß man den Eindruck hatte, die Erde selbst spreche. Heute ist die Grotte hinter der Kaskade Berninis aus dem Jahr 1611 verborgen.*

Der Garten der Villa d'Este wurde aus der Leidenschaft für die klassische Mythologie geboren, die ein gebildeter Kardinal mit seinem Architekten teilte. Den Schlüssel zum Verständnis der Anlage liefert die Geschichte, welche die Fresken im Inneren der Villa erzählen. Sie ist zum Teil Ovids METAMORPHOSEN, zum Teil einer lokalen Sage entnommen.

Ino, die einst in die tiburtinische Sibylle verwandelt wurde, war die Schwester von Semele, der Geliebten Jupiters. Seine eifersüchtige Gattin Juno überredete die schwangere Semele, ihn um einen Gefallen zu bitten – er sollte sich ihr als Gott zeigen. Da Semele keine Göttin war, konnte sie seinen Glanz nicht ertragen und starb auf der Stelle. Ihr ungeborenes Kind, Bacchus, wurde in Jupiters Schenkel eingenäht, und nach seiner Geburt kümmerte sich seine Tante Ino um ihn. Juno war auch auf Bacchus eifersüchtig, und sie befahl den Furien, Inos Gatten den Verstand zu rauben. So zerschmetterte er seinen erstgeborenen Sohn an einem Felsen. Ino floh und sprang mit ihrem zweiten Sohn, Melicertes von einer Klippe ins Ionische Meer. Venus bat ihren Onkel Neptun, die Unschuldige und ihr Kind zu retten, und dieser verwandelte beide in Wassergottheiten, bis sie ans Ufer des Tiber gespült wurden. Da Juno sie immer noch bedrohte, kam ihnen Herkules zu Hilfe, und die Prophetin Carmenta machte aus Ino eine tiburtinische Sibylle. Der runde Tempel oben auf der berühmten Kaskade von Tivoli wurde zu Ehren der Sibylle erbaut.

Die wichtigsten Figuren dieser Sage finden sich im Garten wieder. Jupiter, Neptun, Herkules und Venus sind ebenso dargestellt wie die fünfte und neunte Sonne.

Dieses Gemälde eines unbekannten Malers aus dem 17. Jahrhundert geht auf einen Stich von Du Perac aus dem 16. Jahrhundert zurück. Bis auf ein paar Details gibt das Gemälde die Gartenanlage klar wieder. Bei Ligorio war der Tempel der tiburtinischen Sibylle oben an den Tivoli-Kaskaden Ausgangspunkt der Mittelachse des Gartens. Der Künstler hat diese Achse so verschoben, daß sie genau auf die Villa zuläuft.

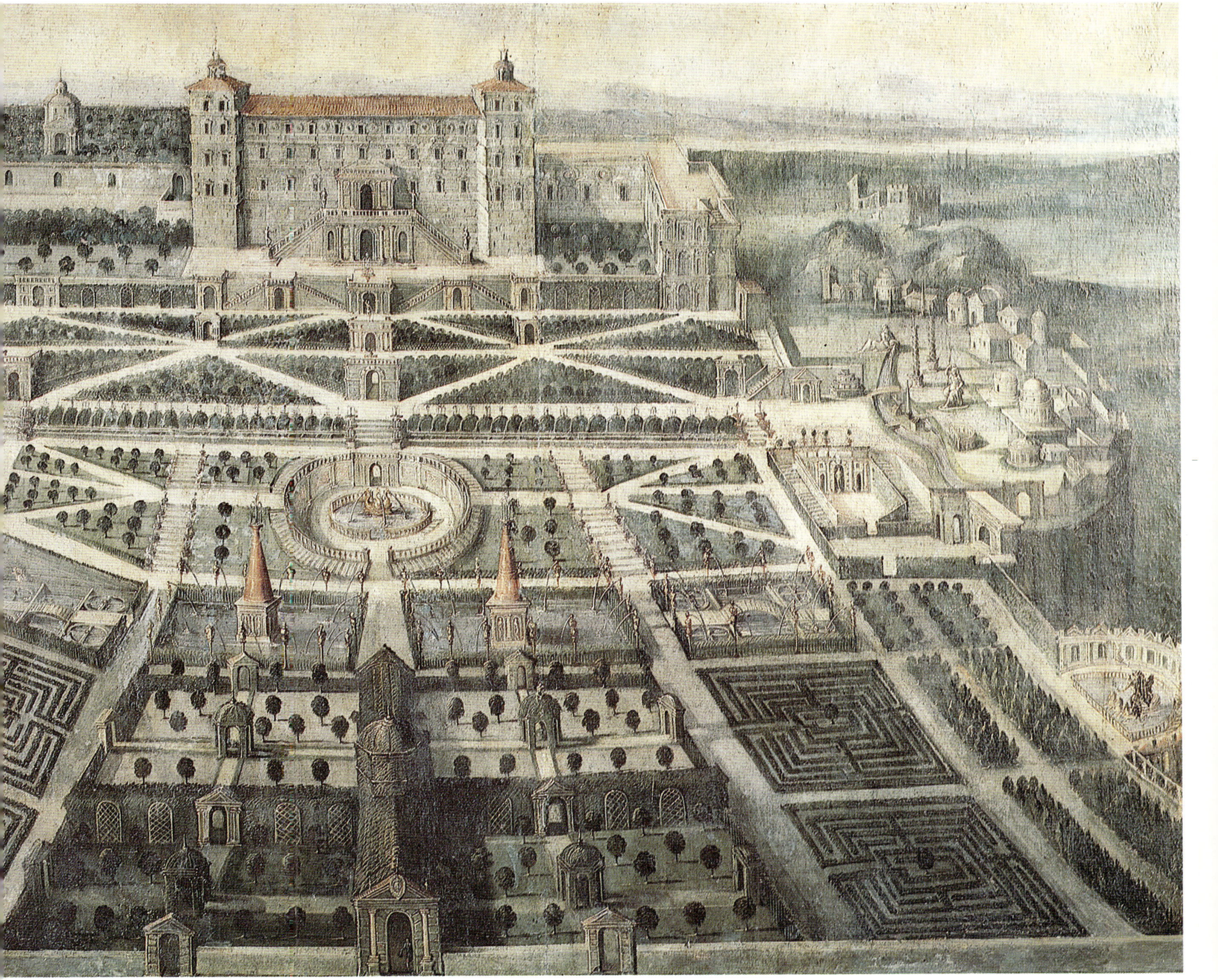

Als Edith Wharton von einer hohen Terrasse aus in den Garten der Villa d'Este blickte, gefiel ihr seine *tragische Größe* und sein *tiefes Mysterium*. Die Idee, einen Garten zu schaffen, *der sozusagen eine Orgel ist, auf der das Wasser spielt*, war faszinierend, und sie fand das Ergebnis *überaus romantisch und schön*. Im Vergleich mit der Baukunst Raffaels, Vignolas oder sogar Niccolò Tribolos fand sie den schweren und phantastischen *barochismo* dagegen *grotesk* und *entstellend*, die Details *kläglich und geschmacklos* sowie bisweilen *völlig infantil*.

Als Ort der Metaphern und der Phantasie war die Villa d'Este der anspruchsvollste aller römischen Gärten. Er wurde von zwei der kultiviertesten Köpfe Italiens erschaffen, und sein Genius lag in der ausgeklügelten Darstellung vieler äußerst komplexer Themen. Im Laufe der Jahre wurden jedoch seine Statuen anders verteilt oder entfernt, und da es keine Dokumentation gibt, fehlt auch die Originalpartitur. Wenn wir allerdings die Entwicklung einer Ära an ihrer Kunst messen, sollten wir auch den Wert eines Gartens danach beurteilen, ob er Maler, Komponisten und Schriftsteller dazu bewegen kann, das, was sie dort sehen, hören und fühlen, neu zu interpretieren. Torquato Tasso verfaßte hier seine AMINTA und Marc Antoine Muret, der Humanist des Hofes, schrieb in der Villa d'Este seine Tragödien.

Die unbeschreibliche Atmosphäre inspirierte möglicherweise die schönsten Gemälde, die es von einem italienischen Garten gibt. Hubert Robert und Jean-Honoré Fragonard malten hier zusammen im Sommer 1760. *Monsieur Fragonard ist Feuer und Flamme*, schrieb der Gastgeber, Abbé de Saint-Non. *Er macht sehr viele Zeichnungen, und alle sind zauberhaft. Ich entdecke in ihnen eine Art Magie.* Franz Liszt kam von 1870 bis 1884 jedes Jahr und huldigte dem Garten mit seinen köstlichen, impressionistischen Klavierstücken BRUNNEN DER VILLA D'ESTE, die an plätschernde Springbrunnen, glänzende Spiegelbilder, rieselndes Wasser und das Spiel des Lichts auf dem Wasser an einem heißen, stillen Sommertag denken lassen. Sechs Jahre nach Edith Whartons Besuch spazierte Henry James, stets auf der Suche nach dem Ungreifbaren, zwischen den Ruinen der Brunnen durch den überwucherten Garten und begegnete dennoch *dem eindringlichen Genius des Stils*.

Das Haus Este, *dieses uralte Geschlecht, berüchtigt ob seiner Leidenschaft für Krieg und Kunst*, hatte Ferrara seit dem 13. Jahrhundert regiert und behauptete, von Herkules und Galatea abzustammen. Kardinal Ippolito II., der Sohn von Herzog Alphonso I. und der berühmten Lucrezia Borgia, wurde Erzbischof von Mailand, als er vierzehn Jahre alt war, und Kardinal, als er dreißig war. Sein Großvater mütterlicherseits war Papst Alexander VI., dessen Mätresse, die schöne Giulia Farnese, den Papst überredet hatte, ihren Bruder zum Kardinal zu machen. Als Alessandro Farnese 1534 anstelle eines Este zum Papst Paul III. gewählt wurde, brach bittere Feindschaft zwischen den beiden Familien aus. Kardinal Ippolito II. hielt sich selbst für den geborenen Papst; doch sein Ehrgeiz war so groß, daß er scheiterte. Der neue Papst Julius III. übertrug ihm als Dank für seine Verdienste die Regentschaft über Tivoli, eine Gegend mit vielen römischen Ruinen, darunter die Hadriansvilla. Ippolito und sein Architekt besuchten alle Stätten gemeinsam, und Ligorio begann sogleich damit, die Hadriansvilla auszugraben, die Statuen zu plündern und seinen Plan auszuarbeiten.

Während der Kardinal gleichzeitig seinen Garten auf dem Monte Cavallo in Rom vergrößerte und mit Brunnen und Statuen schmückte, hatte er mit dem Garten zu Tivoli Größeres vor. Bei der Realisierung der Anlage sollte ein ganzer Teil der alten Stadt,

GEGENÜBER *Der Ovale Brunnen wurde von Pirro Ligorio selbst erbaut. Die Statue ist eine Kopie einer antiken Statue, die Papst Pius V. den Römern schenkte, nachdem er aus dem Belvedere den größten Teil der herrlichen Sammlung entfernen ließ, die Ligorio einst für Papst Pius IV. angelegt hatte.*
»Die Dichter sagen, die Erinnerung sei eine Göttin und die Mutter der Musen«, schrieb Ligorio. Hier wurde die tiburtinische Sibylle in Mnemosyne, die Göttin der Erinnerung, verwandelt. Sie sitzt mit ihrem Sohn Melicertes am Fuße eines Hügels und stellt Tivoli als neuen Parnaß dar. Über ihr hat Pegasus den Kopf zur Villa gedreht, um Kardinal Ippolito II. d'Este zu würdigen, der Künste und Wissenschaften förderte. Das Becken ist zugleich Sinnbild des Meeres und ihres Retters Neptun. In der Mitte steigt Venus aus einer Muschel. Die Reise der Sibylle von Tivoli nach Rom geht weiter: auf der Allee der Hundert Brunnen zum Römischen Brunnen.

RECHTS OBEN *Der Römische Brunnen, die Rometta, war der zweite Brunnen, den Ligorio selbst erbaute. Kardinal d'Este kontemplierte hier gerne. Der Brunnen feiert Roms goldenes Zeitalter und ist ein prächtiger Hintergrund für die Wasserspiele. Die drei Flüsse von Tivoli strömen von der Allee der Hundert Brunnen in den Römischen Brunnen und vereinigen sich mit dem Wasser aus seinem oberen Teil, der aus der Kaskade von Tivoli, dem Flußgott Aniene sowie dem Tempel der Sibylle und des Apennin besteht. Das steinerne Boot verweist auf die kleine Insel San Bartolomeo mit ihrem Jupitertempel, in dem die sibyllinischen Texte aufbewahrt wurden. Dahinter befindet sich der Teil des Brunnens, der die sieben Hügel von Rom mit ihren Denkmälern symbolisiert.*

RECHTS UNTEN *Der Drachenbrunnen steht im Zentrum des Gartens. Als elfte Tat mußte Herkules die goldenen Äpfel aus dem Garten der Hesperiden stehlen, die der Drache bewachte. Jupiter saß früher in einer Höhle, umgeben von den Kräften der Unterwelt. Auf die Stützmauern waren Szenen aus seinem Leben gemalt. Jupiter muß wohl eine persönliche Bedeutung für den Kardinal gehabt haben, da er eine Statue des Gottes in Rom unter seinem Wappen aufstellte.*

OBEN *Die Allee der Hundert Brunnen verbindet den Ovalen Brunnen mit dem Römischen Brunnen. Drei in Stufen angelegte Kanäle symbolisieren die Flüsse Tivolis – Aniene, Albuneo und Erculaneo –, die in den Tiber münden. Der obere Kanal war ursprünglich mit 22 kleinen Booten verziert, die drei Vasen voneinander trennten. Der mittlere Kanal war mit Szenen aus Ovids* METAMORPHOSEN *geschmückt, der untere mit Köpfen von kleinen Tieren, die Wasser spien. Die Köpfe sind erhalten (rechts); die Vasen ersetzte man später durch Adler und Lilien der Este.*

GEGENÜBER *Die Fischteiche waren Lebensraum für exotische Fische und Vögel. Schwäne schmückten die Einfassungen der Teiche, und aus Travertinsäulen schossen Fontänen empor und vereinigten sich in der Luft wie Regenbögen. Vier Teiche waren geplant, doch nur drei wurden angelegt. Sie sollten das Wasser aus den Brüsten Dianas ins Meer befördern, symbolisiert vom Neptunsbrunnen, der nie gebaut wurde. Auch die faszinierenden, pagodenähnlichen Tempel in der Mitte der Fischteiche sind nur auf dem Gemälde (siehe S. 161) aus dem 17. Jahrhundert zu erkennen.*

darunter eine Kirche, verschwinden. Das rief bei den Einwohnern einen derartigen Zorn hervor, daß sie gegen den Kardinal klagten, und der Prozeß war noch im Gange, als d'Este 1572 starb. Die Hauptachse ist auf den Tempel der tiburtinischen Sibylle ausgerichtet, der die Hügelkuppe der berühmten Tivoli-Kaskaden krönt. Eine zweite wichtige Achse verläuft durch das Zentrum des Palastes zum Amphitheater außerhalb des Gartens. Beide Achsen sind ein Hinweis darauf, daß die Sibylle das Hauptthema des Gartens ist. Der Kult des Hippolytus, dem der Kardinal seinen Namen verdankt, und der des Herkules, des mythischen Ahnen der Este, spielen in der Ikonographie ebenfalls eine wichtige Rolle.

Inspiriert von dem Bewässerungssystem der Hadriansvilla leitete Ligorio reines Wasser von einer Quelle in den fernen Bergen in den oberen Garten und baute ein gewaltiges Aquädukt. *Vom Anio aus*, zitierte Edith Wharton einen Herrn Tuckermann, *pulsiert der ganze Organismus des Gartens.* Wasser in all seinen Inkarnationen und Permutationen fließt durch den Garten nach unten. Es erscheint als Nebel, Dunst, Dampf und Fontäne; es murmelt, gurgelt, dröhnt und spritzt in geistreichen *scherzi d'acqua* und hält den Garten im glühend heißen Sommer kühl und feucht. Die größte Attraktion waren die mit Wasser betriebenen Automaten, und am beliebtesten war der Eulenbrunnen, der heute versiegt ist. Zwanzig Bronzevögel saßen auf Ästen und trillerten und zwitscherten in verschiedenen Tönen, bis eine große Eule sie mit ihrem lauten, klagenden Ruf zum Verstummen brachte. Wasser floß aus dem Mund der prophetischen Sibylle. Es schuf ein harmonisches Gleichgewicht zwischen den geistigen, sinnlichen und gärtnerischen Aspekten eines Gartens, der nach Henry James *Bepflanzung und Bebauung unauflöslich und symmetrisch miteinander verband.*

Caprarola

VORIGE SEITEN *Der abgeschiedene Garten des Sommerhauses mit Blick hinauf zur Loggia (links), wo die gichtkranken Kardinäle speisten, und hinab über die Miniatur-Wassertreppe (Mitte) zum Ziegenbrunnen. Von der vorderen Loggia aus konnten die Kardinäle den Garten auf der anderen Seite der Villa sehen (rechts unten). Viele Jahre lang standen die Wassertreppe und der Brunnen allein im Wäldchen, und ihre Stützmauern wurden lange nach dem Tod der Kardinäle errichtet (rechts, Mitte). Die Flußgötter sind Statuen der Villa Lante nachempfunden (rechts oben).*

OBEN *Das Parterre hat die strenge Geometrie seines ursprünglichen Entwurfs bewahrt. Jenseits des schmalen Wassergrabens ragt die »bedrohliche Fassade« des Palazzos empor.*

In ganz Italien kann sich nichts mit Caprarola messen, schrieb Edith Wharton über die schönste Villa, die dort je gebaut wurde. Kardinal Alessandro I. Farnese hatte das Grundstück oberhalb der kleinen Stadt Caprarola im Jahre 1504 als Lehen erhalten. Er beauftragte Antonio da Sangallo d. J. und Baldassare Peruzzi mit dem Bau einer fünfeckigen Festung. Das Erdgeschoß war gerade fertiggestellt, als Alessandro 1534 zum Papst Paul III. gewählt wurde. Dieser Umstand und der Tod Peruzzis zwei Jahre später brachten das Projekt zunächst zum Stillstand. Nach dem Tod des Papstes im Jahre 1549 ging Caprarola an seinen Neffen Kardinal Alessandro II. Farnese über. 1556 beauftragte dieser den Architekten Vignola, der bereits die Villa Farnese in Rom entworfen hatte, neue Pläne für einen prächtigen Palast auf den vorhandenen Fundamenten in Caprarola zu entwerfen. Die Arbeit wurde 1559 wieder aufgenommen.

Aus der ursprünglich geplanten Festung mit Wassergraben wurde also ein herrlicher Palast, und Vignola setzte in die fünfeckigen Außenmauern einen runden Innenhof. Die Gestaltung des Gartens war zunächst ein heikles Problem, weil ein Lustgarten nicht gut zu dem wehrhaft wirkenden Bauwerk paßte. *Die Form*, meinte Jellicoe, *mußte so eindrucksvoll sein, daß sie einen bedeutenden Anbau am alten Gebäude darstellte. Er entschied sich für die stabilste Form, die wir kennen, das Quadrat.* Das Gartenquadrat bildete so das irdische Gegenstück zum himmlischen Kreis im Palazzo.

Die unteren Gärten, Sommer- und Wintergarten genannt, dienten als *giardini segreti* und waren ganz gewöhnliche Parterres. Eine Brücke über den Graben führte von den Sommerappartements zum Sommergarten; sie wurde von zwei Statuen der Jahreszeiten, den Horae, gekrönt. Die Mauer des Palazzos schützte den Garten vor der glühenden Hitze, und die drei Springbrunnen kühlten die Luft. Der größte war der Brunnen der Venus, der Göttin dieses kleinen Gartens. Die Fontänen des Brunnens glichen einer Lilie, dem Symbol der Farnese, und erzeugten einen Regenbogen im Sonnenlicht. Jedes Viertel des Gartens war in neun Beete unterteilt, die mit Obstbäumen, Blumen und, zu Ehren der Venus, mit Rosen bepflanzt waren.

Der Wintergarten war ebenfalls durch eine Brücke mit den Winterappartements verbunden. Statuen der Jahreszeiten mit Sonnenuhren schmückten die Brücke, und die vier Parterres des Gartens waren mit Orangen-, Zitronen- und Granatapfelbäumen bestückt, deren Früchte im Winter dekorativ aussahen. Ein langer Weg mit einem Dach aus Efeu und Weinreben teilte den Garten in zwei Teile, und an seinem Ende befand sich eine Laube, die von sechs Satyrn getragen wurde. Sie beschattete den Regenbrunnen mit seinen Höhlen aus Bimsstein, Moos, tropfendem Wasser und einem Fischteich.

Wer von der bedrohlichen Fassade zu den großzügigen, schönen Laubengängen, Springbrunnen und Grotten geht, schrieb Edith Wharton, *sieht die seltsamen Kontraste des italienischen Landlebens in der Übergangsphase des 16. Jahrhunderts plastisch vor sich. Draußen ruhen die Soldaten und* bravi *des Kardinals auf den großen Ländereien über dem Dorf; drinnen sitzen adelige Damen und ihre Kavaliere unter Rosenlauben, oder sie lustwandeln zwischen Spalieren aus Zitronenbäumen und sprechen über einen griechischen Text oder eine römische Bronze, oder sie lauschen dem neusten Sonett des Hofdichters.*

Doch so hübsch die *giardini segreti* gewesen sein mögen, sie wirkten winzig vor dem überwältigenden Palazzo. *Die Kirchenfürsten*, schrieb Sir Geoffrey Jellicoe, *wollten sich mit dem Glanz umgeben, der ihren hohen Zielen entsprach. Bisweilen ertrugen sie den ewigen Pomp nicht mehr, und all die unterdrückte Lebensfreude brach aus ihnen heraus. Was sind der Garten des Lustschlößchens zu Caprarola und die Villa Pia in den Gärten des Vatikans anderes als Ventile für menschliche Gefühle?*

Dieses Bedürfnis nach einem Schlupfwinkel war anfangs von einer Jagdhütte erfüllt worden, die Vignola 1569 ein paar Kilo-

So sah die Villa Farnese in Caprarola um 1570 aus, als dieses Fresko in der Villa Lante gemalt wurde. Der Garten des Sommerhauses war noch nicht in den Hang gegraben worden; doch die giardini segreti *sind bereits mit den Winter- und Sommerappartements verbunden.*

Die Villa steht auf einer Achse zwischen der Stadt Caprarola und dem Lago di Vico, der jenseits des Berges liegt. Der Sage nach schuf Herkules diesen See, als er seine Keule in die Erde stieß und wieder herauszog – daher ist im Wappen der Farnese eine Keule unter einer Lilie zu sehen. Durch Caprarola wurde unlängst eine neue Straße gebaut, die zum Berg hinaufführt und die Anreise zur rocca *angenehmer zu macht. Die fünf Bastionen«, schrieb Edith Wharton, »sind von einem tiefen Graben umgeben, über den eine einfache Brücke hinter dem Palast in den unteren Garten führt.*

meter vom Palast entfernt für Kardinal Alessandro II. erbaut hatte. Dort unterhielt er Kollegen wie Kardinal Gambara oder Kardinal Vicino Orsini aus dem nahen Bomarzo, manchmal auch den Papst, mit Hirschjagden und Banketten im Freien. Später ließ er ein abgeschiedenes, kleines Gebäude oberhalb des Palazzos errichten und dekorierte es mit einer Miniaturausgabe der vor kurzem vollendeten Wasserspiele der Villa Lante, vielleicht zu Ehren Kardinal Gambaras. Als der Sekretär des Papstes Caprarola 1573 besuchte, sah er einen Vasenbrunnen, zwei Flußgötter, ein Becken, das der *capra* (Ziege) geweiht war, und die Wassertreppe. Weitere zehn Jahre vergingen, bis Kardinal Farnese, damals 64 Jahre alt und schwer gichtkrank, beschloß, aus diesem kleinen Komplex einen Speisesaal im Freien zu machen. *In unserem Alter*, warnte Kardinal Gambara, *ist es besser, im Schutze einer Loggia zu essen*, und empfahl, ein Sommerhaus über dem Brunnen zu erbauen. Farnese nahm sich den Rat zu Herzen und gab bei Giacomo del Duca eine Villa in Auftrag, die 1586 vollendet wurde; doch der Kardinal hatte nur noch drei Jahre Zeit, sich an ihr zu erfreuen.

GEGENÜBER UND OBEN *Der Garten des Sommerhauses mit seinem Buchsbaumparterre und den Karyatiden von Pietro Bernini. Edith Wharton liebte ihn: »Die Komposition ist einfach: Das Sommerhaus mit seinen hellen Arkaden auf einer breiten Treppe ist von einem ebenen Buchsbaumgarten mit Springbrunnen umgeben. Am Rand stehen die berühmten Canephorae, die man auf jedem Bild von Caprarola sieht – riesige Gestalten, die nur halb aus ihren steinernen Sockeln ragen, manche grimmig oder feierlich, andere breit lachend. Es war kühn, diese phantastischen Göttinnen ans Ende des Gartens zu stellen, vor der grenzenlosen Weite der Berge. Das verleiht dem oberen Garten einen unbeschreiblichen Anflug von Poesie. Hier ist eine Aura des Unvermeidlichen zu spüren – wie bei manchen großartigen Versen hat man das Gefühl, daß nichts anders sein könnte, weil es, wie Vasari so schön formulierte, geboren, nicht gebaut wurde.«*

Villa Lante

»Sie ist so vollkommen und übertrifft hinsichtlich Schönheit, Zustand und Magie all die anderen großartigen Landhäuser Italiens so sehr, daß angehende Gartenarchitekten hier immer Inspiration finden werden«, schrieb die begeisterte Edith Wharton über die Villa Lante. »Wenn Caprarola ein Garten mit Aussicht ist, so ist Lante ein Garten, in den man hineinschaut ... Die liebliche Landschaft, die ihn umgibt, ist nur ein Anhängsel, ein letzter Anflug von Schönheit dort, wo alles schön ist.« Der Kardinalstisch (oben) und der Maurenbrunnen (rechts) sind Teil des eleganten und intelligenten ikonographischen Programms.

Dieses Fresko im Palazzino Gambara zeigt den gitterähnlichen Plan der Gartenanlage. Der innere Teil des Gartens ist eine Hymne an die Symmetrie, an die Gesetze der Proportion und an den Gegensatz zwischen Kreis und Quadrat, den Vignola in Caprarola zu erforschen begann. Der Garten ähnelt Bramantes Hof im Belverdere des Vatikans: Er hat drei Ebenen, zwei gleiche palazzini *und zwei gleiche Türme. Der* palazzino *– eher eine Gartenvilla als eine Kardinalsresidenz – ersetzt den üblichen Palazzo und ist, wie Edith Wharton bemerkte, »ein Teil der Anlage, ohne sie zu dominieren«. Der* boschetto, *mit Obstbäumen und wild wuchernden Reben bepflanzt, stellt das goldene Zeitalter dar, in dem der Mensch unschuldig und die Natur furchtbar war. Diese Allegorie ist den* Metamorphosen *entnommen, in denen Ovid eine Zeit beschreibt, »da die Menschen aus eigenem Antrieb recht handelten … Die Erde, unberührt von der Hacke, brachte alle Früchte von selbst hervor.« Das Thema spiegelt sich auch in den Brunnen wider, die den Eicheln und Enten, den Symbolen der natürlichen Fülle, sowie dem Einhorn und dem Drachen, den Symbolen der Reinheit, geweiht sind.*

Der wichtigste Brunnen, der des Pegasus, ist von neun Musen umgeben (gegenüber); auch er weist den boschetto *als Parnaß aus und erinnert an den Ovalen Brunnen im Garten der Villa d'Este.*

Im September 1568 schrieb Kardinal Alessandro II. Farnese seinem Protégé Kardinal Gianfrancesco Gambara, sein Architekt Vignola sei unterwegs nach Bagnaia und bereit, Anweisungen zu empfangen. Er wünschte ihm *allergrößte Zufriedenheit*, und das aus gutem Grund; denn dieser Inbegriff eines Renaissancegartens, den Vignola und Kardinal Gambara zusammen entwarfen, wurde zum meistgelobten Garten Italiens.

Kardinal Gambara war ein Vorbild an Frömmigkeit und Redlichkeit. Papst Pius IV. hatte ihn zum Kardinal ernannt, damit er für die Inquisition ketzerische Literatur prüfe, und später bestimmte der asketische Papst Pius V. ihn zum Bischof von Viterbo. Zunächst wohnte er im Schlößchen von Bagnaia, einer mittelalterlichen Stadt am Fuße der Cimini-Berge. Auf dem Berg über der Stadt standen eine Jagdhütte und ein Aquädukt, der das frischeste und sauberste Wasser lieferte. Während Kardinal Gambara über die Villa und den Garten nachdachte, die er innerhalb der Mauern dieses Parks bauen wollte, vollendeten die großen Rivalen, Kardinal Farnese und Kardinal d'Este, bereits ihre fürstlichen Anlagen. Farneses Garten war von monumentaler Größe; der Garten d'Estes verblüffte durch seine intellektuelle und ikonographische Komplexität. Kardinal Gambara gab daraufhin einen Garten in Auftrag, der klein, aber überaus kunstvoll war und den Sündenfall zum Thema hatte. Der Garten der Villa Lante erzählt die Geschichte des verlorenen und wiedergefundenen Paradieses, in einem Wäldchen auf drei Terrassen.

Das mythologische Konzept des Parnaß mit seinen zwei Gipfeln und seiner heiligen Quelle, der Heimat der Musen, dominiert den Abhang. Zwei *palazzini*, Echos der Gipfel, rahmen eine lange Wassertreppe im inneren Garten ein, und draußen, im *boschetto*, befindet sich ein großer Teich mit Pegasus, umgeben von neun Musen. Diese beiden Hälften bilden das Ganze, und diese Dualität wiederholt sich überall im Garten. Der *boschetto* symbolisiert das goldene Zeitalter der Unschuld und die Fülle der Natur. Der Garten erzählt die Geschichte der Ursünde und ihrer Folgen: Der Mensch, der seine Unschuld verloren hat, muß sowohl den Garten als auch den Intellekt hegen und pflegen, geleitet und inspiriert von den Musen, den Göttinnen der Künste und der Wissenschaften. Der Garten würdigt also das Bemühen des Menschen, Körper und Seele zu nähren.

Diese Geschichte wird in einer Folge von drei Terrassen erzählt. Die höchste Terrasse handelt von der Sintflut, wie Ovid sie schilderte: *Der Himmelsgott Jupiter beschloß in seinem Zorn, an allen Ecken des Himmels Regen niedergehen zu lassen, um die Menschen zu vernichten ... Die meisten wurden vom Wasser verschlungen, und Delphine beherrschten die Wälder ... Ein hoher Berg, Parnaß genannt, ragte mit zwei Gipfeln zu den Sternen empor ... und das kleine Boot, das Deukalion und sein Weib trug, lief dort auf Grund.* Dennoch wird die Menschheit gerettet: *Jupiter wußte, daß die beiden ohne Schuld waren und die Götter ehrten ... und er bat Neptun, die Wellen und Flüsse zurückzurufen ... und das Meer wurde wieder von Ufern begrenzt. Die angeschwollenen Flüsse flossen in ihrem Bett.* Die zweite Terrasse feiert die Ernte, und die dritte ist eine Hymne an die Kultur, in welcher der Mensch dank seines Verstandes und seiner Kreativität die Erlösung findet.

Der Garten der Villa Lante ist nicht nur wegen seiner erzählerischen Komplexität ein Meisterwerk, sondern auch aufgrund seiner baulichen Anlage. Die Triumphe der römischen Architektur, die Gesetze der Mathematik und der Proportionen, die Poesie Petrarcas und Ovids – alles ist vertreten.

Wasser strömt durch den Brunnen der Sintflut in den Garten und als riesiger Wasserfall von den Simsen der zwei Loggien zu den Musen; es sammelt sich im Brunnen der Delphine (ganz links) auf der oberen Terrasse. Danach fließt das Wasser in eine catena d'acqua, *eine Wassertreppe. Sie gleicht einem langgezogenen Flußkrebs (eine Anspielung auf Kardinal Gambaras Namen). Vom Brunnen der Delphine aus wandert der Blick ungestört zur untersten Terrasse und zum Brunnen der Mauren (links oben), vorbei am Kardinalstisch auf der mittleren Terrasse (links unten). Vier kleine Wasserstrahlen unterbrechen den langen Kanal in der Mitte des Tisches.*

Dort befindet sich auch der Brunnen der Flußgötter, des Tibers und des Arnos (oben). Ursprünglich saß hier eine Sirene, ein Symbol der Fruchtbarkeit, mit gespreizten Beinen auf einer Schere; sie ist jedoch verschwunden. Das Wasser floß unter ihr ins Becken. Zu beiden Seiten der Götter befinden sich Nischen mit Statuen der Flora und der Pomona, deren Garten Ovid zufolge, »ihre Leidenschaft und Liebe war. Keine andere Nymphe konnte einen Garten geschickter pflegen.« Die Ernte war für den Kardinalstisch bestimmt, an dem Kardinal Gambara, von Plinius inspiriert, im Freien speiste.

LINKS OBEN Bramantes Treppe in der Exedra des Hofs vom Belvedere diente als Modell für den Brunnen der Lichter; anstelle der Stufen besteht dieser aus Wasserkanälen. An einer Seite befand sich eine Venusgrotte, an der anderen eine Neptunsgrotte. Seitdem es in Italien Azaleen, Rhododendren und Hortensien gibt, ist die Sicht leider versperrt, die ursprünglich von der unteren bis zur oberen Terrasse reichen sollte. Die Buchsbaumhecken am Hang zwischen den palazzini wurden ebenfalls niedrig gehalten, damit der Blick auf den Kardinalstisch und die Wassertreppe frei blieb.

LINKS UNTEN Die palazzini gleichen dem Jagdschlößchen, das Vignola für Kardinal Farnese in Caprarola entwarf. Kardinal Gambara ließ von zwei geplanten palazzini nur einen erbauen, da Carlo Borromeo ihm während eines Besuchs empfahl, das Geld lieber den Armen zu schenken. Gambara gehorchte und errichtete in der Stadt ein Kloster. Den zweiten palazzino vollendete Kardinal Montalto, der keine derartigen Skrupel hatte, im Jahre 1598.

RECHTS Das Parterre war in zwölf Felder geteilt, in denen ursprünglich Kräuter wuchsen. Jedes Feld war von immergrünen Hecken umgeben. In der Mitte des Brunnens der Mauren stand eine meta sudans (»schwitzender Turm«), eine schäumende, sprudelnde Pyramide aus ständig pulsierendem Wasser. Später wurde sie durch Giambolognas Statue der vier Mauren ersetzt. Die Rometta der Villa d'Este diente als Vorbild für die kleinen Boote in den Fischteichen. Anstelle der Obelisken und des Jupitertempels enthalten sie jedoch Männer mit Armbrust und Trompete.

Villa Aldobrandini

Blick von der Piazza in Frascati durch den Stern der Aldobrandini zur Villa (oben). Erhalten geblieben ist nur die Allee aus Steineichen, die zur Stützmauer der vorderen Terrasse führt und mit dem Wappen Papst Clemens' VIII. verziert ist. Auf den Terrassen, die die Villa flankieren, stehen zwei identische Türme mit »Schwalbenschwanzzinnen«, für Edith Wharton »ein phantastischer Rückfall ins Mittelalter, der eher an ›Strawberry-Hills-Gotik‹ als an das italienische 17. Jahrhundert erinnert« (links). Die Nische beherbergte einst einen Springbrunnen. Papst Clemens ist in der mittleren Nische des berühmten Wassertheaters als Atlas dargestellt (ganz links); er trägt den Globus der göttlichen Weisheit, während unter ihm Tantalus zur Strafe dafür, daß er Geheimnisse der Götter verraten hat, an unstillbarem Durst leidet.

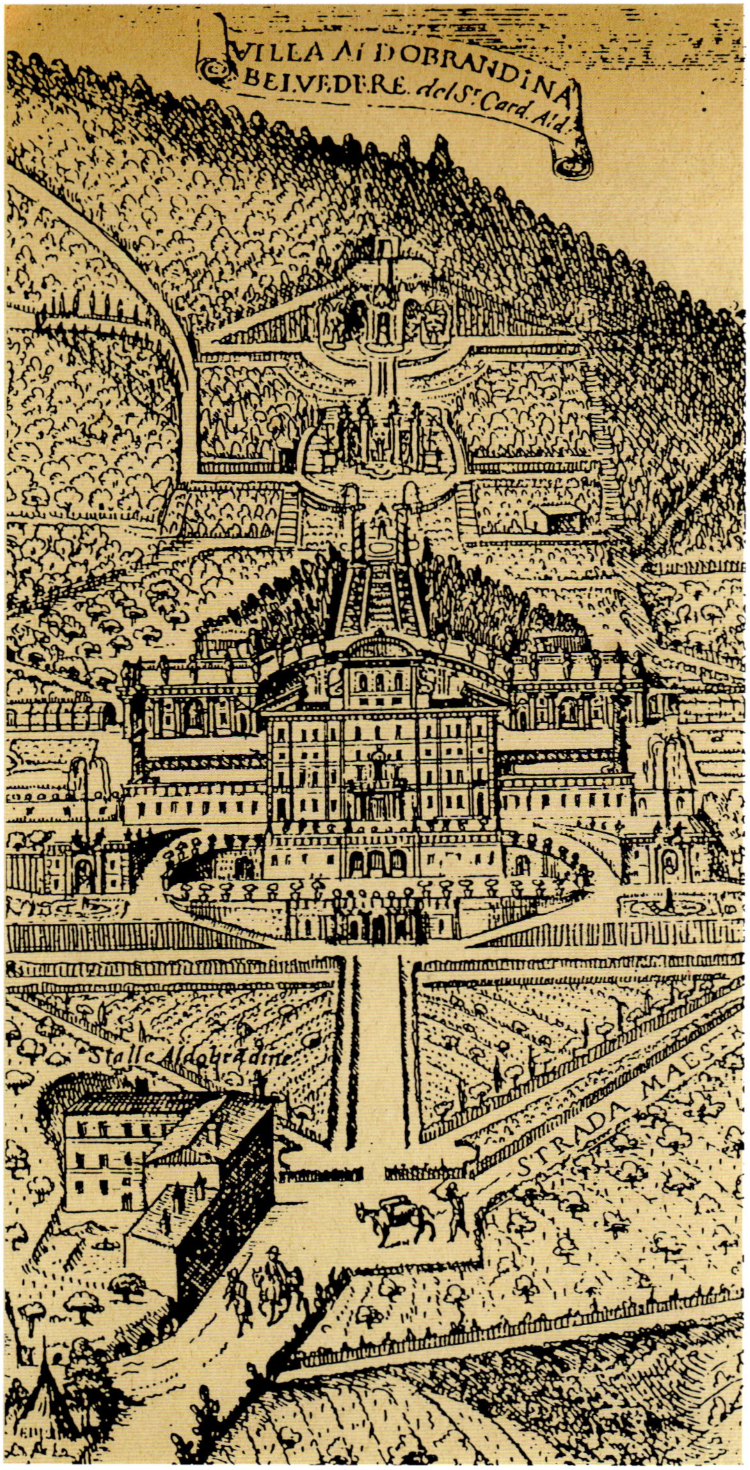

Die Gärten der Villa Aldobrandini, die sich über den ganzen Berghang erstrecken, bieten einen faszinierenden Anblick. Kaskaden und Wasserfälle führen zur Villa, und die Allee aus Steineichen reicht hinab bis zum Marktplatz des Städtchens Frascati. Als Edith Wharton das Anwesen besuchte, waren die großartigen Wasserspiele jedoch ausgetrocknet, und sie entdeckte an der Villa Aldobrandini ebenso viele Unstimmigkeiten, wie sie an der Villa Lante Vorzüge gefunden hatte. Die Villa, bemängelte sie, gehöre *in die erste Phase des Barock, bevor dieser Stil seine Regeln gefunden hatte*. Das berühmte, von Giacomo della Porta entworfene Wassertheater nannte sie *ein schwerfälliges, geistloses Gebilde* – es befinde sich zu nahe an der Villa, es passe in der Größe nicht zu ihr, und es bestehe *ein deutlicher Mangel an Harmonie zwischen den beiden Fassaden*. Das einzige, was ihren Beifall fand, war *der obere Garten* im *bosco*.

Beim Umgang mit herabstürzendem Wasser, schrieb sie, *zeigten die Baumeister der römischen Gärten des 17. Jahrhunderts ihr Gefühl für Poesie und unendliche Vielfalt; und die Anlage des oberen Gartens der Villa Aldobrandini verdient all die Bewunderung, die für ihr pompöses Theater vergeudet wird ... John Evelyn konnte die herrliche Kaskade nicht genug rühmen*. Diesen stillgelegten Wasserfall bewundert man am besten von den oberen Stockwerken der Villa aus. Er begann auf dem Berggipfel, ergoß sich in den Schäferbrunnen und führte als Kanal zur näch-

LINKS *Greuters Zeichnung der Villa Aldobrandini im Jahr 1620 zeigt deren aufregende Lage an einem bewaldeten Berghang am Rande Frascatis sowie die Abschnitte des Wasserlaufs, der im Wald am Schäferbrunnen beginnt und im Wassertheater endet.*

GEGENÜBER *Blick von der Kaskade hinab zur Villa (unten). Das kühlende Wasser, das während der glühend heißen Sommermonate durch den Wald nach unten rauschte, dürfte Edith Wharton die aufregendsten »Empfindungen« in einem italienischen Garten vermittelt haben. Die Säulen des Herkules oben an der Wassertreppe sind mit dem Emblem des Kardinals verziert (Mitte). Wasserstrahlen schießen oben aus den Säulen heraus und fließen als Rinnsale hinunter. Giacomo della Porta nahm die Idee des* nymphaeums *auf und schuf ein großartiges Wassertheater. Edith Wharton meinte, es stehe zu nahe an der Villa; doch weiter hinten hätte man eine höhere Stützmauer bauen müssen, welche die Sicht auf die Kaskade verdeckt hätte. Die halbkreisförmige Exedra eignete sich am besten dafür, die Erde am Hang zurückzuhalten (oben).*

sten, in Parterres aufgeteilten Terrasse, ehe er durch den Rustikabrunnen auf die nächste Terrasse stürzte. Dann floß das Wasser durch die Pfeiler des Herkules die acht Stufen der Wassertreppe hinunter an den Rand des Wassertheaters, wo es als Sprühregen einen Stern formte, um im Globus des Atlas zu verschwinden und als Wasserschleier auf die Felsen, in das Becken und in den Boden zu rieseln.

Diese grandiosen Wassereffekte waren jedoch erst nach dem Ende des 16. Jahrhunderts möglich. Wasser war in Frascati nämlich knapp; dennoch ließen sich die prominenten Kardinäle, angelockt von den Ruinen der antiken Stadt Tusculum und vom herrlichen Blick über die Campagna, nicht davon abhalten, sich hier anzusiedeln. Der Kampf um Wasser war grimmig, und wer verdächtigt wurde, das kostbare Naß abzuzweigen, mußte erleben, daß sein Garten mutwillig verwüstet wurde. Dies war die Lage bis zum Ende des 16. Jahrhunderts, bis ein Wohltäter sich des ausgetrockneten Frascati annahm. 1598 schenkte Papst Clemens VIII. seinem Neffen, dem Staatssekretär Kardinal Pietro Aldobrandini, eine bescheidene Villa oberhalb der Stadt – als Dank für einen Friedensvertrag mit Frankreich. Diese diplomatischen Erfolge verschafften den Aldobrandini großes Ansehen, und sie zögerten nicht, sie zu verewigen. Eine goldene Inschrift am Wassertheater erinnert daran.

Papst Clemens VIII. besichtigte 1598 die berühmtesten Gärten in der Umgebung Roms und verkündete, sein Garten müsse sich mit allen anderen messen können. Villa und Gartenanlagen wurden nach Plänen von Giacomo della Porta, einem Schüler von Michelangelo, realisiert. Gleichzeitig begann man mit der langwierigen Arbeit, aus der Molaraquelle auf dem Monte Algido Wasser umzuleiten. Der Bau machte rasche Fortschritte, da der alte Papst den Garten noch genießen wollte. Die Arbeiten dauerten fünf Jahre; doch 1602, ein Jahr bevor die Villa vollendet war, starb der Architekt. Carlo Maderna arbeitete nach della Portas Entwürfen weiter, Giovanni Fontana kümmerte sich um die Wasserspiele, und die hydraulischen Effekte waren das Werk von Maccarone, dem berühmten *fontaniere* der nächsten Generation, der immer noch mit dem Bau der Villa d'Este beschäftigt war.

Der Wunsch, ein großartiges Landschloß zu errichten, erlosch mit dem Tod des Papstes keineswegs. Anfang des 17. Jahrhunderts

OBEN *Zu Ehren Plinius' d.J. ließ der Kardinal Platanen auf eine Terrasse neben der Villa pflanzen, und er paraphrasierte die Worte des Römers, um die Sommervilla zu beschreiben. Stolz behauptete er, sie stehe auf den Fundamenten eines Hauses, das einst Lucullus gehört habe.*

GEGENÜBER *Der Höllenschlund, den Giovanni Guerra für Kardinal Pietro Aldobrandini entwarf, war einer Maske aus Bomarzo nachempfunden. Sie erschreckte Besucher, die zur oberen Kaskade unterwegs waren, bevor die* scherzi d'acqua *sie bis auf die Haut durchnäßten.*

entwarf Giovanni Guerra im Auftrag von Kardinal Pietro Aldobrandini dessen Gärten. Die Idee, einen ganzen Berg zu einem Wasserlauf zu machen, übernahm er von der Villa Lante; den Wasserschleier kopierte er vom Tivolibrunnen der Villa d'Este und den Höllenschlund von Bomarzo. *Die Villa Aldobrandini*, schrieb Jellicoe, *ist selbst ein prächtiges Werk und verschmelzt alle anderen Villen zu einem Thema.*

Die Statue des Herkules, der nach Atlas greift, war eine Kopie aus einem damals vielgelesenen Buch – den EIKONES von Philostratos – und stellt möglicherweise den Kardinal selbst dar, der nach der

Weisheit des Papstes strebt. Die Exedra hatte an beiden Enden zwei Räume. An einer Seite befand sich eine Kapelle, die dem Hl. Sebastian geweiht war, dem Schutzheiligen der Aldobrandini; sie symbolisierte den Tempel der Religion. An der anderen Seite öffnete sich ein Raum mit einem verkleinerten Springbrunnen, der das Gebirge von Frascati als Parnaß darstellte. Akustische Vorrichtungen, vom Wasser in Gang gesetzt, belebten die Exedra. Man hörte Vogelzwitschern, das Horn eines Zentauren, die Panflöte eines Fauns und eine fauchende Tigerin. Hinzu kamen Donner, Hagel und Nebel. Unterhalb des Parnaß gab eine Orgel sanfte, äolische Klänge von sich – ein Echo der Musik, die der Wind auf dem Berg spielte. Apoll und seine Musen erzeugten mit ihren Instrumenten eine Kakophonie, die Jellicoe schaudern machte. Obwohl eine Inschrift an der Exedra behauptet, der Kardinal habe *diese Villa als Ort der Ruhe nach seiner Arbeit in der Stadt errichtet*, fragt man sich, ob er in einer Behausung auf der lautesten Piazza Roms nicht mehr Ruhe gefunden hätte.

Zu Gast in den Gärten

Wenn eine Villa unter mehreren Namen bekannt ist, sind diese angegeben, ebenso die Telefonnummern, soweit bekannt. Es empfiehlt sich, vorher anzurufen, da manche Villen nur nach Vereinbarung zu besichtigen sind.

Lombardei

Isola Madre
28050 Isola Madre (VB)
Tel.: 323 31261

Isola Bella
28050 Isola Bella (VB)
Tel.: 323 30556
Die beiden borromäischen Inseln im Lago Maggiore, zu erreichen per Schiff ab Stresa, Baveno oder Pallanza

Villa d'Este
Via Regina 40
22012 Cernobbio (CO)
Tel.: 031 511471/512471
Am Westufer des Comer Sees, 53 km nördl. von Mailand und 5 km nördl. von Como

Villa Carlotta
Via Regina 2
22019 Tremezzo (CO)
Tel.: 344 40405/41011
Am Westufer des Comer Sees, 30 km nördl. von Como an der S 340 Tremezzo – Cadenabbia oder per Schiff ab Bellagio oder Como

Villa Cicogna
Villa Cicogna Mozzoni
Piazza Cicogna 8
21050 Bisuschio (VA)
Tel.: 332 471134
8 km nördl. von Varese an der S 344

Venetien

Villa Pisani
Via A. Pisani 6
30039 Stra (VE)
Tel.: 49 9800590
An der Brenta, 8 km östl. von Padua an der S 11

Castello del Cataio
35041 Battaglia Terme (PD)
Tel.: 49 526541
Etwa 17 km südwestl. von Padua an der S 16 nach Monselice

Giusti-Gärten
Giardino Giusti/Palazzo Giusti
Via Giusti 2
37129 Verona
Tel.: 45 803 4029
Stadtzentrum, am Ostufer der Etsch

Botanischer Garten in Padua
Via Orto Botanico 15
35123 Padua (PD)
Tel.: 49 656614
Stadtzentrum

Valsanzibio
Villa Barbarigo/Villa Pizzoni Ardemani
35030 Valsanzibio di Galzignano (PD)
Tel.: 49 9130042
18 km südl. von Padua, 6 km westl. von Battaglia Terme an der A 13 oder S 16

Villa Cuzzano
Villa Arvedi-Cuzzano
Cuzzano
37023 Grezzana (VR)
Tel.: 45 907045/907135
9 km nördl. von Verona Richtung Negrar

Florenz

Villa Pratolino
Parco di Villa Pratolino
Via Demidoff
Via Fiorentina 6
50030 Vaglia (FI)
Tel.: 55 2760529-538
12 km nördl. von Florenz

Villa Castello
Villa Medicea di Castello
Via di Castello
50141 Firenze
Tel.: 55 454791 (Portier)
Südlich von Sesto Fiorentino, 6 km nordwestl. von Florenz

Boboli-Gärten
Piazza Pitti 1
50125 Firenze
Tel.: 55 218741 (Führungen)
Stadtzentrum, hinter dem Palazzo Pitti

Villa Petraia
Villa Medicea della Petraia, Castello
Via della Petraia 40
50141 Firenze
Tel.: 55 452691
Südl. von Sesto Fiorentino, 6 km nordwestl. von Florenz

Villa Gamberaia
Via del Rosselino 72
50135 Firenze-Settignano
Tel.: 55 697205
8 km nordöstl. von Florenz, an der anderen Seite von Settignano

Siena

Villa Gori
Via di Ventena 8
53100 Siena
Tel.: 39 577 2209
(Fremdenverkehrsbüro)
Nördl. von Siena an der Straße nach Vicobello bei der Monastera Osservanza

Vicobello
Villa Vicobello
Via Vicobello 12
Vico Alto
53100 Siena
Tel.: 39 577 2209
(Fremdenverkehrsbüro)
Gleich außerhalb der Stadtmauer von Siena

Cetinale
Villa Cetinale
Cetinale
Sovicille
53018 Siena
Tel.: 39 577 2209
(Fremdenverkehrsbüro)
13 km südwestl. von Siena zwischen Ancaiano und Celsa über die S 73

Rom

Villa Medici
Via Trinità dei Monti
00187 Rom
Auf dem Monte Pincio oberhalb der Spanischen Treppe

Villa Doria-Pamphili
Villa Doria-Pamphili
Belrespiro
Via Aurelia Antica
Via di S. Pancrazio
oder Via Vitellia
00165 Rom
Tel.: 6 5899359/5813717
(Führungen)
Südwestlich des Stadtzentrums, Eingang jenseits der Porta San Pancrazio

Villa d'Este
Piazza Trento 1
00019 Tivoli (Roma)
Tel.: 774 312070
Stadtzentrum, 30 km östl. von Rom an der S 5

Caprarola
Villa Farnese
Piazza Farnese
01032 Caprarola (VT)
Tel.: 761 646052
18 km südöstl. von Viterbo in einer Nebenstraße der Via Cimina

Villa Lante
Via J. Barozzi 71
01031 Bagnaia (VT)
Tel.: 761 288008
3 km östl. von Viterbo

Villa Aldobrandini
Via G. Massaia 18
00044 Frascati (Roma)
Tel.: 6 9426887
22 km südöstl. von Rom an der S 215

GEGENÜBER *Ein Regentag am Jardin d'Amour auf der Isola Bella*

Glossar

barco	Jagdgebiet, später ein Park
broderie	arabeskes Design aus Buchsbaum, Torf oder Kies
boschetto	kleiner Wald
bosco	Wald
campagna	Land, ländliche Gegend
casino	Pavillon, Lustschlößchen oder kleine Villa
catena d'acqua	Wassertreppe (wörtlich: »Kette«)
Exedra	halbkreisförmige oder rechteckige Nische, manchmal mit erhöhten Sitzplätzen und einer Apsis
fontaniere	Brunnenbauer
giardino segreto	abgeschiedener oder umzäunter (wörtlich: »geheimer«) Garten
Herme	Säule mit einer Büste (urspr. des Gottes Hermes)
limonaia	Haus mit Zitronenbäumen
leporarium	Gehege für Kaninchen oder Hasen
Loggia	Galerie oder Raum, der an einer oder mehreren Seiten offen ist; entweder Teil eines großen Gebäudes oder ein separates Bauwerk
mascherone	geschnitzte oder in Stein gehauene, oft groteske Maske
mosaico	Mosaik
nympheum	Schrein oder Grotte, den Nymphen geweiht
otium	geistreicher Müßiggang
Parterre	niedriger, ebener Blumengarten mit geometrischen Mustern, meist in der Nähe eines Hauses
peperino	leichter, poröser Vulkanstein, wird oft für Skulpturen verwendet
peschiera	Fischteich
piano nobile	Hauptgeschoß eines großen Hauses
prato	offener Rasen oder offene Wiese
prospettiva d'acqua	Wasserallee (wörtlich: »Perspektive«)
ragnaia	Dickicht, in dem man Singvögel in Netzen fängt
romitorio	Einsiedelei
scalinata	Treppe
scherzi d'acqua	Wasserspiele
tapis vert	wörtlich: »grüner Teppich«: Rasenstreifen, der in eine regelmäßige – meist rechteckige – Form geschnitten wird
tramontana	kalter, trockener Nordwind von den italienischen Bergen
vasca	Becken oder Behälter
villeggiatura	Sommerfrische

Literatur

Harold Acton, *Tuscan Villas*, London 1973.

Marella Agnelli, *Italienische Villen und Gärten*, Herford 1988.

Sophie Bajard und Raffaelo Bencini, *Villen und Gärten der Toskana*, Paris 1992.

Shari Benstock, *Ich gehe meinen Weg. Das Leben der Edith Wharton,* München 1995.

Gerda Bödefeld und Berthold Hinz, *Die Villen der Toskana und ihre Gärten,* Köln 1991.

Judith Chatfield, *Die schönsten italienischen Gärten*, Köln 1991.

David R. Coffin, *Gardens and Gardening in Papal Rome*, New Jersey 1991.

Ders., *The Villa in the Life of Renaissance Rome*, New Jersey 1979.

Eleanor Dwight, *Edith Wharton: An Extraordinary Life*, New York 1994.

Andreas Greuter und Frank Maier-Solgk, *Renaissance-Gärten in Italien,* Dortmund 1991.

Christopher Hibbert, *The Rise and Fall of the House of Medici*, Harmondsworth 1997.

Geoffrey A. Jellicoe und Susan Jellicoe, *Die Geschichte der Landschaft,* Frankfurt/M. 1988.

William Winthrop Kent, *The Life and Works of Baldassare Peruzzi of Siena*, New York 1925.

Francis King, *Florence: A Literary Companion*, London 1991.

Claudia Lazzaro, *The Italian Renaissance Garden*, New Haven/London 1990.

R. W. B. Lewis, *Edith Wharton – A Biography*, New York 1975.

Ian Littlewood, *A Literary Companion to Venice*, New York 1991.

Percy Lubbock, *Portrait of Edith Wharton*, London/New York 1947.

Georgina Masson, *Italian Gardens*, London/New York 1961.

Janet Ross, *Florentine Villas*, London und New York 1901.

J. C. Shepherd und Geoffrey A. Jellicoe, *The Italian Gardens of the Renaissance*, London 1994.

H. Inigo Triggs, *The Art of Garden Design in Italy*, London 1906.

Edith Wharton, *A Backward Glance*, New York 1962.

Dies., *The Valley of Decision*, London/New York, 1902.

Dies., *Italian Villas and Their Gardens*, London/New York 1904.

Dies., *The Letters of Edith Wharton*, R. W. B. Lewis und Nancy Lewis (Hrsg.), New York 1988.

Register

Danksagung der Autorin

Hätte Edith Wharton ihren Verlag selbst ausgewählt, wäre sie gewiß von der Klarheit und Intelligenz meiner Projektleiterin Caroline Bugler und meiner Graphikerin Anne Wilson begeistert gewesen. Im Grunde hat Mrs. Wharton es Caroline Bugler zu verdanken, daß ihr Buch eine Wiederauferstehung erlebt. Caroline kehrte von einer ihrer Pilgerreisen nach Italien mit dieser Idee zurück, und sie hat mich in den letzten zwei Jahren mit salomonischer Weisheit beraten. Der zweite Genius war Anne Wilson, die auch mein Buch über Monet gestaltete. Die erste Auswahl der besten und suggestivsten Bilder, die ich ihr überlasse, ist immer inspirierend und gibt den »Ton« des Textes vor, den sie anschließend illustriert und auf ihre unnachahmliche, wundervolle Art untermalt.
Ich hatte das Glück, in Anne Askwith eine unerschütterliche und äußerst präzise Lektorin zu finden, die mir eine große Hilfe war. Hilary Mandleberg danke ich dafür, daß sie das erste, schwerfällige Kapitel über die Lombardei verbessert hat. Bei meiner Muse Erica Hunningher bedanke ich mich nochmals für viele Anregungen und all die Unterstützung, bei Elena Pizzi, meinem Rettungsanker vor Ort, für ihre moralische Unterstützung.
Allen Eigentümern der Gärten bin ich zu großem Dank verpflichtet, vor allem Graf Fabio Pizzoni Ardemani, Graf Niccolò Giusti, Lord Lambton und Claire Ward. Die Beinecke-Bibliothek stellte mir unveröffentlichte Schriften und Briefe von Edith Wharton zur Verfügung. Die Londoner Bibliothek war, wie immer, die am besten sortierte, und die Bücher, über die sie nicht verfügte, besorgte Primrose Hill rasch für mich. Schließlich danke ich meiner Freundin Sally Monaghan Stubbs, an deren Geburtstag ich endlich mit dem Buch fertig war.
Alle Fotos in diesem Buch wurden mit einer Leica R5 und mit Velvia-50-ASA-Filmen von Fuji aufgenommen.

Abbildungsnachweis

Der Verlag hat sich um Abdruckerlaubnis für alle Texte bemüht, die durch Copyright geschützt sind. Alle Inhaber von Copyrights, die wir nicht ausfindig machen konnten, bitten wir, sich mit uns in Verbindung zu setzen, damit wir in künftigen Auflagen einen vollständigen Nachweis geben können. Für die Erlaubnis, Gemälde, Archivmaterial und Fotos zu veröffentlichen, danken wir den unten angegebenen Personen und Institutionen.
(L = links, R = rechts, O = oben)
Alinari 10
Mit freundlicher Erlaubnis der Archive der American Illustrators Gallery, New York City © Copyright 1996 by ASaP of Holderness, NH, 03245 USA; autorisiert vom Maxfield Parrish Family Trust 136
Nobile Fabio Pizzoni Ardemani 91
Signor Ottavio Arvedi, Villa Arvedi, Grezzana, Verona 100
Ashmolean Museum, Oxford 13
Edith Wharton Restoration at the Mount, Lenox, Massachusetts 17, 18
Mit freundlicher Erlaubnis der Lenox Library Association, Lenox, Massachusetts 15
Lilli Library, Indiana University, Bloomington, Indiana, 16, 19
National Portrait Gallery, Smithsonian Institution/Art Resource, New York 8
Privatsammlungen 24-25, 47, 51R, 61, 66, 68, 80, 84, 129, 142, 151L
Scala, Florenz 106O, 110, 117, 124, 156
© Tate Gallery, London 22

Erstveröffentlichung bei Frances Lincoln Limited, 4 Torriano Mews, Torriano Avenue, London NW5 2RZ
Titel der Originalausgabe: *Edith Wharton's Italian Gardens*

Die Deutsche Bibliothek – CIP-Einheitsaufnahme
Russell, Vivian: *Literarische Reise durch die Gärten Italiens : auf den Spuren Edith Whartons* / Vivian Russell.
Aus dem Engl. von Martin Rometsch. –
Dt. Erstausg. – München : Knesebeck, 1999
Einheitssacht.: Edith Wharton's Italian gardens <dt.>
ISBN 3-89660-040-0

Deutsche Erstausgabe

Umschlagabbildungen: Vivian Russell
Satz: satz & repro Grieb, München
Printed in Italy

Der grimmige Wachhund vor der Villa Cuzzano wartet darauf, für die Nachwelt seinen Platz auf einem Sockel einzunehmen.